TOME
UMA
ATITUDE, PORR!

TOME UMA ATITUDE, PORR★!

Pare de Sonhar Pequeno.
Transforme sua Vida.

★ **NOOR HIBBERT**

ALTA LIFE
EDITORA

Rio de Janeiro, 2022

Tome uma Atitude, Porra!

Copyright © 2022 da Starlin Alta Editora e Consultoria Eireli.
ISBN: 978-65-5520-303-5

Translated from original Just F*cking Do It: Stop Playing Small. Transform Your Life.. Copyright © 2019 by Noor Hibbert. ISBN 978-1-473-69275-6. This translation is published and sold by permission of John Murray Learning, an imprint of John Murray Press, an Hachette UK company, the owner of all rights to publish and sell the same. PORTUGUESE language edition published by Starlin Alta Editora e Consultoria Eireli, Copyright © 2022 by Starlin Alta Editora e Consultoria Eireli.

Impresso no Brasil — 1ª Edição, 2022 — Edição revisada conforme o Acordo Ortográfico da Língua Portuguesa de 2009.

Todos os direitos estão reservados e protegidos por Lei. Nenhuma parte deste livro, sem autorização prévia por escrito da editora, poderá ser reproduzida ou transmitida. A violação dos Direitos Autorais é crime estabelecido na Lei nº 9.610/98 e com punição de acordo com o artigo 184 do Código Penal.

A editora não se responsabiliza pelo conteúdo da obra, formulada exclusivamente pelo(s) autor(es).

Marcas Registradas: Todos os termos mencionados e reconhecidos como Marca Registrada e/ou Comercial são de responsabilidade de seus proprietários. A editora informa não estar associada a nenhum produto e/ou fornecedor apresentado no livro.

Erratas e arquivos de apoio: No site da editora relatamos, com a devida correção, qualquer erro encontrado em nossos livros, bem como disponibilizamos arquivos de apoio se aplicáveis à obra em questão.

Acesse o site www.altabooks.com.br e procure pelo título do livro desejado para ter acesso às erratas, aos arquivos de apoio e/ou a outros conteúdos aplicáveis à obra.

Suporte Técnico: A obra é comercializada na forma em que está, sem direito a suporte técnico ou orientação pessoal/exclusiva ao leitor.

A editora não se responsabiliza pela manutenção, atualização e idioma dos sites referidos pelos autores nesta obra.

Dados Internacionais de Catalogação na Publicação (CIP) de acordo com ISBD

H624t   Hibbert, Noor
Tome uma atitude, porra!: pare de sonhar pequeno. transforme sua vida / Noor Hibbert ; traduzido por Vanessa Schreiner. - Rio de Janeiro : Alta Books, 2022.
224 p. ; 16cm x 23cm.

Tradução de: Just Fucking Do It
ISBN: 978-65-5520-303-5

1. Autoajuda. 2. Sucesso. 3. Realização. I. Schreiner, Vanessa. II. Título.

2021-4276
CDD 158.1
CDU 159.947

Elaborado por Odilio Hilario Moreira Junior - CRB-8/9949

Produção Editorial
Editora Alta Books

Diretor Editorial
Anderson Vieira
anderson.vieira@altabooks.com.br

Editor
José Ruggeri
j.ruggeri@altabooks.com.br

Gerência Comercial
Claudio Lima
comercial@altabooks.com.br

Gerência Marketing
Andrea Guatiello
marketing@altabooks.com.br

Coordenação Comercial
Thiago Biaggi

Coordenação de Eventos
Viviane Paiva
eventos@altabooks.com.br

Coordenação ADM/Finc.
Solange Souza

Direitos Autorais
Raquel Porto
rights@altabooks.com.br

Produtora da Obra
Illysabelle Trajano

Produtores Editoriais
Larissa Lima
Maria de Lourdes Borges
Paulo Gomes
Thales Silva
Thiê Alves

Equipe Comercial
Adriana Baricelli
Daiana Costa
Fillipe Amorim
Kaique Luiz
Maira Conceição
Victor Hugo Morais

Equipe Editorial
Beatriz de Assis
Brenda Rodrigues
Caroline David
Gabriela Paiva
Henrique Waldez
Marcelli Ferreira
Mariana Portugal

Marketing Editorial
Jessica Nogueira
Livia Carvalho
Marcelo Santos
Thiago Brito

Atuaram na edição desta obra:

Tradução
Vanessa Schreiner

Copidesque
Vivian Sbravatti

Revisão Gramatical
Kamila Wozniak
Marcella Sarubi

Diagramação
Joyce Matos

Capa
Larissa Lima

Editora afiliada à: ASSOCIADO

Rua Viúva Cláudio, 291 — Bairro Industrial do Jacaré
CEP: 20.970-031 — Rio de Janeiro (RJ)
Tels.: (21) 3278-8069 / 3278-8419
www.altabooks.com.br — altabooks@altabooks.com.br
Ouvidoria: ouvidoria@altabooks.com.br

Dedicatória

Em primeiro lugar, dedico este livro às minhas três lindas filhas, Layla-Rose, Safia-Lily e Amira-Jasmine.

Se há algo na vida que desejo a vocês, meninas, é sonhar com muito mais do que jamais imaginaram ser possível e agir de forma implacável para transformar cada sonho em realidade. Vocês me deram força, e sou grata a vocês por me permitirem ser sua mãe. Amo vocês incondicionalmente, com cada célula de meu corpo.

Também dedico este livro à minha incrível mãe, que é o epítome e a personificação do mantra "Tome Uma Atitude, Porra!" em todas as suas formas. Obrigada por seu amor e apoio inabaláveis e por me mostrar como agir de forma implacável para conquistar o que eu quiser.

Agradecimentos

Há tantas pessoas maravilhosas que me ajudaram a tornar este livro realidade.

Meu primeiro sincero obrigada é para meu marido e melhor amigo, Richard, que sempre me apoiou todo esses anos. Obrigada por tolerar minhas ideias malucas, por me ajudar a acreditar em mim mesma quando eu duvidei e por ser o melhor pai para nossas meninas, o que me permitiu fazer minha arte e construir meus negócios. E por me amar e me mostrar que o amor pode mesmo ser real!

Obrigada a meu incrível pai, que sempre me deu apoio e foi meu guia moral na vida. Sou muito grata por todo o ensinamento compartilhado em nosso relacionamento e por termos crescido juntos ao longo dos anos. Aprendi muito sobre mim graças a você e agradeço por me permitir compartilhar esse aprendizado neste livro.

À minha incrível agente literária e amiga, Jessica Killingley, da Agência BKS. O Universo conspirou para nos unir. Não há palavras para descrever a gratidão que sinto por acreditar em mim. Sem você, não sei se este livro seria publicado. E a James e Jason, que são os outros dois terços da agência e que me deram todo o apoio com carinho para fazer deste livro um sucesso.

A meu adorável, gentil e engraçado editor, Jonathan, que cedeu espaço para que eu compartilhasse minha mensagem com o mundo, em minhas palavras. Adoro visitá-lo. E a Nicola e o restante da equipe da John Murray Learning, por ajudarem a produzir este livro. Foi um prazer trabalhar com todos vocês.

Por fim, a todas as mulheres incríveis que foram minhas clientes nos últimos anos. Agradeço a todas vocês, pois me permitiram fazer parte de suas jornadas e de suas histórias. Se não fosse por vocês, eu não teria um negócio. Eu realmente lhes desejo todo o sucesso do mundo!

Sumário

	Sobre a Autora	xi
1	O Bom, o Ruim, o Feio	1
2	Tem Tudo a Ver com as Vibrações	23
3	Mentalize, Consiga! #otimismo	43
4	Adeus, Mania de Comparação	63
5	Dê uma Vaia para as Mentiras	75
6	É Hora de Fazer um Facelift Energético	89
7	Escolha Você	105
8	Sua Palavra é sua Varinha	123
9	Nem Todo Carma é Criado da Mesma Forma	137
10	O Google Não Tem Todas as Respostas	151
11	A Gratidão Faz Bem	165
12	O Poder de seus Grupos	179
13	Não Apenas Faça, Arrase	193
	Epílogo: Namastê, vadias	205
	Leitura Adicional	207
	Tome uma Atitude e Escreva, Porra!	208

Sobre a Autora

Foto: © Nabila Burija

Noor Hibbert é uma coach de vida e negócios renomada, É empreendedora em série, palestrante motivacional, autora, mãe e espiritualmente fodona.

Noor é graduada em Psicologia e tem pós-graduação em Negócios & Coaching Executivo e em Psicologia de Coaching.

É uma profissional sênior, certificada pelo Conselho Europeu de Treinamento e Mentoria (EMCC). Fundou duas empresas de seis dígitos em apenas três anos, enquanto criava três filhos pequenos e embarcava em uma jornada espiritual que acelerou o seu sucesso.

Noor viaja o mundo com frequência, para realizar eventos nos EUA e no Reino Unido.

1

O Bom, o Ruim, o Feio

Esta é sua única vida: faça dela o tipo de vida "foda-se, sim".

Você provavelmente pegou este livro porque há uma voz lá dentro sussurrando que você está destinada a realizar mais na vida e porque há uma parte sua que quer ser mais feliz. Digo, feliz para caralho! Se definirmos as razões pelas quais fazemos o que fazemos na vida, a razão básica é que queremos ser e nos sentirmos felizes. Queremos ter empregos que amamos, para que possamos ser felizes, um parceiro para nos fazer felizes, ter um corpo que amamos, para que possamos nos olhar no espelho e nos sentirmos felizes, além de experimentar coisas no mundo que nos tragam felicidade. A felicidade nos faz sentir bem, e sentir-se bem é o objetivo da maioria dos seres humanos.

A maioria das pessoas com quem converso e que não está sentindo o nível de felicidade que realmente acredito que todos merecemos se sente dessa forma porque, lá no fundo, elas sabem que estão destinadas a realizar muito mais. O fato é que eu acredito que fomos colocados neste planeta para fazermos coisas extraordinárias, sermos extremamente ricos e termos tudo o que desejamos. Estamos destinados a ter uma vida de estrelas do rock, em nossa versão de um filme de Hollywood, em que somos a estrela principal. Mas, em algum momento entre o nascimento e a idade adulta, muitos de nós nos perdemos em um sonho muito diferente. Se você está em um trabalho que a aborrece e que não faz nenhum sentido para você, se está falida e tem sempre mais meses do que dinheiro, está com algum sintoma físico que não desaparece, em um relacionamento que a suga emocionalmente ou sente como se tudo fosse um desperdício inútil de tempo, então deixe-me dizer uma coisa, minha cara: você embarcou na vida errada e precisamos mudar isso — juntas.

Tudo sobre mim

Quem sou eu e por que você deveria se importar em dispender de algumas horas de seu precioso tempo para me escutar? Sou uma coach de mindset transformacional e meu objetivo é ajudar as pessoas a transformarem suas vidas pessoal e profissionalmente, para que possam se tornar extremamente felizes por terem tudo que desejam. Sim, você pode ter tudo. Você pode ter um trabalho que a empolgue, um relacionamento que a satisfaça, um corpo que faça você se sentir incrível e até a saúde financeira que você acha que é apenas para as "outras" pessoas. Você pode ter sua fatia do bolo e comê-la. Minha missão é ajudar as pessoas a se tornarem mais conscientes disso, a pararem de viver a vida no piloto automático e a se mostrarem para o mundo — a assarem o bolo mais saboroso e devorá-lo, fatia por fatia.

Também sou apenas uma garota normal, mãe de três seres humanos incríveis que, de fato, foram um enorme incentivo em minha decisão de fazer mudanças em minha vida. Adoro sair com minha roupa de ginástica (mesmo quando não estou nem perto de uma academia ou sequer tenho a intenção de ir a uma), sou viciada em meditação, sou vegana e adoro viajar. Estudei psicologia na universidade e tenho um certificado de pós-graduação em negócios e coaching executivo e outro em psicologia de coaching. Sou obcecada pelo funcionamento interno da mente humana e pelo comportamento humano, muitas vezes louco.

Escrevi este livro com o objetivo de chamar sua atenção e lhe apresentar uma nova perspectiva de como a vida pode ser ilimitada e aberta a diversas possibilidades. Quero lhe dar a chance de transformar seu pensamento e fazê-la entender que, em qualquer situação em que se encontre agora, você tem o poder de mudar de forma consciente, em seus próprios termos. Este livro é sobre ajudá-la a fazer aquilo que você precisa para realizar seus sonhos e, finalmente, realizar as coisas que mais deseja — aquelas que farão com que você, finalmente, se sinta… sim… feliz!

É por isso que você comprou este livro — ou porque você sabe que não está vivendo todo seu potencial, ou porque fica bem nesse papel, mas, por dentro, gosta de se sentir uma fraude. Talvez você esteja vivendo uma vida que sabe que não foi feita para você, ou não esteja se parecendo com a pessoa 100% autêntica que você sabe que pode ser. Qualquer que seja a razão, você sabe que há mais por aí e quer aprender como conseguir. Quero que este livro seja o ombro amigo de que você precisa e o metafórico "chute na bunda" para que você possa seguir em frente. Este é o momento de fazer o que for preciso para mudar *qualquer coisa* que precise ser mudada.

Entendo que existe uma variedade de livros por aí que fala sobre desenvolvimento pessoal — diabos, eu tenho muitos deles, mas este livro é diferente. Meus clientes pagam muito bem para trabalhar diretamente comigo e, sinceramente, sei que o preço não é acessível a todos; portanto, essas páginas são sua chance de eu te pegar pela mão e obter o sucesso que você deseja pelo custo de dois cafés e umas calorias a menos. Este livro não é apenas sobre teoria, é sobre prática. Trata-se de mudar hábitos, sacudir a poeira, organizar sua rotina e ir mais fundo, de uma maneira que você jamais se sentirá confortável — mas quem disse que mudar é fácil?

Se fosse para jogarmos todas as cartas na mesa, eu certamente apostaria tudo, porque acredito que este livro pode ajudá-la! Passei muitas horas de minha vida conversando com coaches particulares, voei um número absurdo de quilômetros por todo o mundo para participar de seminários em que tive que abraçar mais estranhos do que jamais me pareceu normal, e investi em mais audiolivros de autoajuda do que meu telefone pode armazenar, mas fiz tudo isso em busca do tipo de mudança que compartilharei com você neste livro. Prometo seriamente levá-la, passo a passo, a uma jornada de autoconhecimento e transformação pessoal que mudará sua mente, para ajudá-la a ser, fazer e ter tudo o que quiser. Estou ouvindo um *amém*?

Sei que o que vou lhe ensinar é bastante impressionante, porque já passei por essa jornada e ainda estou nela. Você pode estar se perguntando como uma garota de classe média, que veio do Oriente Médio e mora em uma parte rica de Londres, está qualificada para falar sobre dor e felicidade. Afinal de contas, meus irmãos e eu crescemos em uma bela casa, estudamos em uma escola particular e tivemos pais com bons empregos. No entanto, por dentro, minha vida parecia muito diferente.

Deixe-me falar um pouco mais sobre minha família e minha infância, para que você consiga entender de onde eu vim. Meu pai é iraquiano, religioso e muito tradicional em relação à nossa criação. Ele era bastante rigoroso, tinha pavio extremamente curto e tentava desesperadamente nos proteger dos perigos do mundo ocidental, incluindo sexo, drogas e rock&roll. Se ele tivesse conseguido o que queria, não teríamos assistido a filmes com classificação de 12 anos até os 18 anos, e ele teria nos proibido de assistir a filmes com classificação de 18 anos até morrermos. Que Deus nos livrasse de ver dois humanos se beijando — isso teria sido o fim do mundo!

Meu pai trabalhava longas horas como advogado, achava desconfortavelmente difícil demonstrar afeto por seus filhos e teve um casamento turbulento com minha mãe. Ela era totalmente o oposto dele em todos os sentidos. Costumava nos levar escondido a um McDonald's que não estava de acordo com as regras da Lei Islâmica, nos deixava, em segredo, vestir roupas que meu pai odiava, e assistíamos a filmes que não eram permitidos quando ele não estava por perto. Ela é iraniana, mas tem uma atitude muito ocidental, chama todos e qualquer pessoa de "Querido(a)!". Até isso irritava meu pai. O resultado disso foi uma infância em uma "zona de guerra" e, eventualmente, o divórcio de meus pais. Eu me afastei de meu pai por muitos anos depois disso e sempre senti a ausência de um modelo masculino forte em minha vida, embora nosso relacionamento tenha sido muito difícil para começo de conversa. Eu amava meu pai, mas nunca o entendi e nunca entendi o modo dele de pensar sobre como a vida deve ser.

Foi aos 4 anos de idade que percebi que me sentia diferente — e isso doeu. Quando digo diferente, quero dizer não totalmente branca e com um nome que as pessoas nunca conseguiam pronunciar. Eu estava no recreio da escola, fazendo o que sempre fazia, quando uma garota se aproximou de mim de forma corajosa e me perguntou por que minhas sobrancelhas eram tão grossas e por que eu era tão feia. Isso doeu! Não consegui responder nada, mas passei o restante do dia inspecionando as sobrancelhas de todas as outras crianças da escola. As minhas, que se juntavam, eram muito diferentes de todas elas, e percebi, naquele momento, que eu era diferente. Fui para casa, chorei, culpei meus pais e carreguei o fardo da sobrancelha grossa até os 11 anos, até o dia em que peguei uma pinça e comecei o que só pode ser descrito como um "massacre da sobrancelha". Embora as sobrancelhas finas fossem moda no final dos anos 1990, eu estava horrível, e minha pobre mãe quase teve um ataque cardíaco.

Além do insulto por causa da sobrancelha, passei a maior parte do início da adolescência sendo intimidada, me sentindo excluída e sem saber a que grupo eu pertencia. Eu queria mudar a cor de meu cabelo, meu nome, meus pais e ser apenas uma garota "comum". Sentia uma dor intensa por dentro que não conseguia mudar e, aos 16 anos, fui medicada com Prozac, ao mesmo tempo em que bebia Malibu, que tinha escondido debaixo da cama, na tentativa de me sentir normal, e passava o tempo tentando me machucar muito gentilmente (eu realmente não gostava tanto da dor). Então, deixe-me dizer uma coisa, sei como é se sentir triste, confuso e se perguntar repetidas vezes: "A vida é para ser tão difícil assim?"

Aos 20 anos, eu já havia experimentado um sofrimento extremamente doloroso pelo acúmulo de diversas mágoas, a angústia causada por andar pelo campo minado emocional do divórcio de meus pais e, depois, por tentar me estabelecer em uma vida universitária que tinha seus altos e baixos. Me tornei versada na linguagem de vitimização, e meu estado padrão podia ser definido como "dramático". Lutei para me encaixar em minha família, nas turmas de amigos, na vida como um todo, tentando encontrar relacionamentos que não me deixassem louca. Quando sua expectativa de como o mundo deve ser é muito diferente do que ele realmente é, você tende a sofrer de depressão. Quando você luta constantemente para aceitar quem é, sofre de ansiedade. Quando você não sabe qual é seu objetivo de vida e não consegue se aceitar, isso se manifesta em doenças físicas. Eu tinha vergonha de quem era porque não era popular, magra ou inteligente. Eu me sentia diferente e *detestava* ser diferente. Por que eu não conseguia me encaixar?

Para ser sincera, mesmo depois de passar por algumas de minhas piores experiências, ainda passei a maior parte de meus 20 anos confusa, sem saber qual era meu objetivo de vida e como eu podia me recompor, para que pudesse me sentir feliz e me tornar a protagonista em meu próprio filme de Hollywood. Se você olhasse agora minhas fotos antigas do Facebook, veria uma garota que passava a maior parte do tempo bebendo, bêbada ou de ressaca. Uma garota que buscava consolo em drogas pesadas e que se rebelou contra tudo o que foi ensinada a acreditar estar certo. Veria uma garota em uma jornada interminável para encontrar a Alma Gêmea e, ainda assim, encenar de forma desastrosa o filme *Como Perder um Homem em 10 Dias* repetidas vezes. (Adoro esse filme!)

Então, deixe-me dizer uma coisa, posso ser "qualificada" academicamente para ajudá-la, mas também participei ativamente de todas as etapas da escola da vida (às vezes, bastante dolorosa) e tive cicatrizes para provar cada passo. A primeira coisa que quero lhe dizer é que, onde quer que você esteja agora, não é onde precisa estar na semana, no mês ou no ano seguinte. Descobri um segredo que drasticamente mudou meu modo de enxergar as coisas. Esse segredo me ajudou a passar de um ganho de 138 libras por semana em salário-maternidade para um salário de seis dígitos por ano, me proporcionando liberdade para viajar quando quiser, matricular minhas filhas nas melhores escolas, investir em propriedades e, até mesmo, permitir que meu marido se aposente em seu trabalho. Isso me ajudou a ter o corpo com que sempre sonhei, um casamento que faz meu coração bater forte e um relacionamento com minhas filhas que floresce a cada dia. Também me ajudou a construir um relacionamento mais autêntico e amoroso com meus pais, para que eles me aceitassem totalmente, assim como minhas escolhas e meu estilo de vida. Nunca pensei que seria capaz de dizer isso quando era mais jovem, mas, atualmente, meu pai é um de meus melhores amigos e um leal apoiador, e consigo ser eu completamente. Basicamente, agora tenho "mel" em mim.

Porém, mais importante do que isso, esse segredo me ajudou a ser feliz. Não do tipo "feliz na rede social", mas *realmente* feliz. Como deitar na cama sentindo uma sincera gratidão por me sentir tão, tão feliz! Parei de me preocupar com o que todos esperavam de mim. Parei de querer agradar a todos e me encaixar. Parei de focar no que os outros tinham e no que eu não tinha e comecei a construir uma vida possivelmente um pouco egoísta, inteira sobre mim. E tenho usado esse segredo para ajudar meus clientes em todo o mundo a mudar drasticamente suas vidas.

E, agora, vou compartilhar tudo com você neste livro.

Tudo sobre você

Como uma rainha do drama confessa e intrometida, se recuperando de depressão e que sofre de ansiedade, estou em uma posição privilegiada para lhe mostrar que existe uma maneira de transformar sua vida, e vou ajudá-la a tomar essa medida. Sei que é um imenso trabalho, mas estou disposta a assumi-lo porque, se eu consegui mudar minha história, você também consegue mudar a sua. Você tem esse poder. Se você não gosta de sua história, este é o momento de reescrevê-la. Também quero que saiba que você não precisa esperar até que sua vida se torne sufocante e você chegue ao fundo do poço, se afogando nas próprias lágrimas antes de realizar uma mudança. Chegou sua hora!

Então, deixe-me contar meu segredo: mudar sua vida começa por mudar sua forma de pensar. Talvez você já tenha ouvido isso um zilhão de vezes e pensado que é um monte de besteira; ou talvez nunca tenha ouvido isso até este momento. Seja qual for sua experiência, você precisa ouvir isso (novamente).

Eis uma ressalva: *mudar sua forma de pensar não é simples ou fácil*. Na verdade, eu diria que é uma das coisas mais difíceis para a maioria dos seres humanos, e é por isso que acabamos em um planeta repleto de um grande número de pessoas que se sentem paralisadas e, até mesmo, sem esperança. Desde o momento em que nascemos, somos lançados em um mundo em que nos são impostos pensamentos, ideias e experiências que nos levam a formar um conjunto de crenças a respeito do mundo.

As crenças são, essencialmente, os princípios orientadores que fornecem um direcionamento e um significado a respeito da vida. As crenças são os filtros predefinidos para nossas percepções do mundo. São como "comandos internos" para o cérebro sobre como entender o que está acontecendo, quando acreditamos que algo é verdadeiro.

Desde a infância, funcionamos como esponjas que absorvem *tudo* — o grande, o bom, o ruim e a p*rra realmente feia. Se nossos pais estão falidos e preocupados com dinheiro, começamos a formar crenças a respeito disso. Se nossos pais nos demonstrarem amor e se fazemos parte de uma família divertida e amorosa, desenvolveremos crenças a respeito disso. Se seus pais discutem o tempo todo, você formará uma visão de mundo com base nisso. Nós nos tornamos condicionados a enxergar o mundo de determinada maneira, com base em como foi nossa experiência na infância. Tudo isso constrói e determina nossa visão de mundo.

Nosso cérebro é formado por diversas partes, mas há duas coisas que precisamos compreender bem. Temos uma mente consciente e uma mente subconsciente e, na maioria das vezes, nossa mente subconsciente comanda todo o programa, com base nos acontecimentos passados em nossa infância, conforme explicado anteriormente. Isso forma um modelo enraizado em nosso cérebro, que guia nossos pensamentos e governa nossas ações quando adultos. Analisando de uma perspectiva psicológica, precisamos alterar esse modelo, a fim de garantir que ele nos sirva para obter sucesso e felicidade em todas as áreas de nossas vidas. E mudar nosso inconsciente exige algum trabalho e pode, honestamente, ser tão doloroso quanto fazer uma depilação íntima com cera.

Muitos de nós sentimos que não temos controle sobre nosso destino porque vivemos de acordo com um modelo imposto por nossos pais e professores, pela cultura, pela mídia e pelo governo. Ao nascer, ganhamos uma paleta repleta de cores bonitas, o que nos permite pintar a vida mais incrivelmente vibrante. No entanto, à medida que os anos passam, somos condicionados a acreditar que a vida é uma cadeia interminável que envolve comer, dormir, trabalhar e repetir tudo no dia seguinte. Acabamos acreditando que a vida é limitada e restrita. De forma trágica, em vez de acreditar nos artistas poderosos que somos e nos comportar-mos de acordo com isso, nos tornamos vítimas de nossa história. Todas as vezes em que adotamos uma atitude por medo e carência, tiramos uma cor de nossa paleta e diminuímos nosso potencial para pintar uma imagem incrível de como a vida deve ser. É por isso que tantas pessoas não se sentem realizadas e a vida parece tão... bege. Em resumo, esque-cemos quem realmente somos.

A maioria das pessoas com quem falo diz a mesma coisa. Elas se sentem insatisfeitas, como se estivessem falhando, e se sentem perdidas sobre o caminho que devem escolher na vida. Na maioria das vezes, a vida delas carece de paixão, propósito e excitação porque, naquele mo-mento, a paleta não tem cores o suficiente para pintar uma imagem ver-dadeiramente bonita. Acreditamos na história de que ganhar dinheiro é difícil, que devemos lutar por uma vida "confortável", ser gratos pelo que temos e não querermos mais. Somos convencidos de que a vida é trabalhar e que sonhar é para idiotas. Acreditamos que amor e sucesso é para os outros, então é melhor arregaçar as mangas e ir à luta. Adotamos crenças autossabotadoras que dizem: "Quem sou eu para ter tudo isso?"

As pessoas trabalham duro de cinco a sete dias na semana para com-prar bens materiais que acreditam que lhes trarão felicidade e que re-presentam sucesso. Quando atingem o objeto, percebem que isso não as satisfez; então elas se endividam para comprar mais coisas e preencher o vazio, apenas para acordar todas as manhãs e ainda se sentirem infeli-zes... e falidas. E o ciclo se repete.

Um excelente exemplo disso são as inúmeras celebridades que aca-bam se tornando alcoolistas e viciadas em drogas. Lembro-me de sem-pre pensar: "Como eles podem se sentir deprimidos, são ricos?!" Como Russell Brand diz incisivamente em seu livro *Recovery: Freedom from Our Addictions* [*Reabilitação: Liberdade de Nossos Vícios*, em tradução livre]: "Fo-mos ensinados que liberdade é ter liberdade para perseguir nossos desejos insignificantes e triviais. A verdadeira liberdade é estar liberto de nossos desejos insignificantes e triviais." Enquanto seguia minha jornada de desenvolvimento pessoal, percebi que sucesso e felicidade não é sobre ter dinheiro ou objetos materiais — é algo muito mais profundo do que muitos de nós se importam em explorar em nosso moderno e movimentado mundo ocidental.

Com o intuito de deixar tudo superclaro neste livro, quero detalhar algumas coisas, dizer qual é o significado delas e por que acho que são fundamentais. Eu lhe darei definições do que quero dizer quando "falar em psicologia" para que você possa entender alguns conceitos importantes. Explicarei esses conceitos e direi por que eles são relevantes para fazer mudanças em sua vida. Ilustrarei minhas ideias com histórias sobre pessoas como você, porque posso garantir uma coisa — pode haver bilhões de pessoas no mundo, mas nossos padrões de comportamento são quase sempre muito previsíveis, e as coisas que nos impedem são praticamente todas iguais. Também lhe passarei exercícios e ações práticas de "Tome Uma Atitude, Porra!" para que você possa compreender o que estou ensinando e realmente obter resultados. Por fim, quero que você, sem constrangimentos, *tome uma atitude, porra!*

Para começar, quero dar alguns exemplos sobre como é o condicionamento que não nos serve e o efeito que nossas experiências da infância podem ter no futuro. Talvez você se identifique com um deles.

A HISTÓRIA DE LUCY

Lucy cresceu em uma casa da "classe trabalhadora". Seus pais trabalhavam em período integral, por isso, tiveram pouco tempo de qualidade com os filhos. Eles lutavam para sobreviver e discutiam muito por causa disso. Quando Lucy teve a própria família, ela estava sempre com medo de não ter dinheiro suficiente. Ela e o marido trabalhavam e, embora estivessem melhor financeiramente do que os pais de Lucy, ela ainda discutia com ele sobre dinheiro. Lucy também nunca se esforçou para conseguir um emprego melhor porque ela não via motivo para isso, pensava que ficaria ainda mais tempo longe da família. Os "modelos" de Lucy sabotavam seu potencial para construir uma vida de abundância para a família.

A HISTÓRIA DE RICHARD

Richard veio de uma família de acadêmicos muito estudiosos e, por isso, seguiu esses passos e se tornou professor. Ele trabalhou para se tornar diretor. Sua família estava orgulhosa, mas ele não se sentia realizado. Ele apenas havia seguido o caminho de seus pais. Então, decidiu pedir demissão e iniciar o próprio negócio. No mundo dos negócios, ele se sentiu um pouco desconfortável com o julgamento das pessoas por ele não estar mais atuando na área acadêmica. Ele acreditava que não estava fazendo um "trabalho adequado", apesar de ganhar até cinco vezes a mais do que o salário de professor. O modelo de Richard estava interferindo em seu sucesso e em sua felicidade.

Ao observar esses exemplos por meio da perspectiva da psicologia, é possível ter insights imediatos a respeito da maneira como todos nos comportamos; respondemos às nossas experiências com respostas prontas, formadas sob circunstâncias específicas. Para entender por que reagimos dessa forma, podemos usar os princípios psicológicos para esclarecer nosso comportamento.

Esses são apenas dois exemplos, mas você já conseguiu perceber que a psicologia é fundamental para entender o que está nos impedindo e nos deixando insatisfeitas e infelizes. Ela é a base de todos os princípios que compartilharei neste livro — princípios que a ajudarão a analisar e a reescrever esse modelo, que é o principal fator que a está impedindo de alcançar todo seu potencial. É como ter uma Ferrari novinha e linda. Você se senta nela, sabendo que ela pode levar você a uma jornada maravilhosa, mas, quando liga o motor e acelera, ela não se move. Você leva a Ferrari para uma oficina mecânica, e, lá, o engenheiro informa que ocorreu um erro de programação.

Você é a Ferrari. Tem todo o potencial, a beleza e o poder para realizar qualquer jornada e, no entanto, está lutando para entrar em movimento em virtude de uma programação defeituosa. É o momento de reprogramá-la, querida.

Sua arma secreta

Deixe-me esclarecer uma coisa: este não é apenas mais um livro sobre psicologia e mindset, pois já vi pessoas lerem esses livros e, ainda assim, não sentirem que têm o sucesso que desejam na vida. Na verdade, eu era uma dessas pessoas. Eu tinha lido alguns livros sobre mindset, criado meu primeiro negócio e estava ganhando muito dinheiro. Era uma pessoa de sucesso por fora — mas algo dentro de mim não parecia certo. Então percebi que, embora melhorar seu mindset seja absolutamente importante, também há outro fator fundamental na transformação de sua vida e na obtenção de uma sensação de sucesso. E é algo que muitas pessoas não conseguem entender, é como uma "arma secreta", que está à sua disposição a qualquer momento.

Quero deixar isto claro desde o início: sucesso não significa simplesmente riqueza financeira. O sucesso também nunca é definido da mesma forma por todas as pessoas. O sucesso, para uma pessoa, pode ser ter um relacionamento amoroso e, para outra, um corpo saudável, em forma e tonificado. Minha ideia de uma vida extraordinária será totalmente diferente da sua e a sua será totalmente diferente da de outra pessoa. Definiremos como será sua vida extraordinária em breve, e você terá total liberdade para puxar uma paleta de cores totalmente nova, com as cores que desejar, e pintar a imagem da maneira que quiser. Você não é um robô. A vida é sua, e chegou o momento de vivê-la. Você não precisa acreditar que só conseguirá ter sucesso em uma área de sua vida. Sentir-se verdadeiramente feliz é ter sucesso em todas as áreas de sua vida, e é exatamente isso que eu quero para você — essa "arma secreta" está aqui para ajudá-la.

Para ser totalmente transparente, quando ouvi falar nessa arma secreta pela primeira vez, não acreditei nela, pois, após anos tendo que engolir à força uma crença religiosa, decidi me tornar ateia. Mas, como minha vida se desdobrou em algo muito melhor do que eu podia sonhar, agora posso dizer sincera e totalmente que essa forma de pensar pode aumentar seu sucesso e sua felicidade em dez vezes. Tudo o que peço é que, enquanto compartilho isso com você, não faça nenhum julgamento ainda. Você acabou de começar a ler este livro e a seguir os passos que estou lhe ensinando; assim que terminar, poderá fazer seu julgamento. Combinado?

Está bem. Vamos lá. Entre no *universo*.

Eu deixei claro que não sou religiosa. Mas acredito em uma inteligência universal e no que, em alguns capítulos, será chamado de "D-EuS" ou Deus. Está bem, ninguém chama Deus de "D-EuS", me processe! Mas, às vezes, uma garota gosta de encarnar sua "garota má" interior. Na verdade, gosto de me imaginar um pouco como uma pessoa espiritualmente fodona, quebrando todas as regras que eu imaginava serem certas para uma pessoa espiritualizada. Sou 50% Deepak e outros 50% Tupac (o *rapper* norte-americano).

Quando eu era pequena, lembro-me claramente de me sentir confusa e de fazer uma pergunta complexa à minha mãe: "O que há dentro de mim que me fazia enxergar além da visão?" Eu sabia que havia algo dentro de mim que olhava para fora, mas, quando criança, eu não conseguia compreender o que era. Sabia que, se fechasse os olhos, conseguia ouvir uma voz dentro de minha cabeça.

Como seres humanos, existimos em múltiplas dimensões ao mesmo tempo. Há uma parte física: a parte que você vê no espelho e que interage com outras formas físicas, como seres humanos, objetos e assim por diante. Essa parte é tangível e executa ações físicas no mundo físico. Existe, também, outra parte: nossa essência interior, não física, que alimenta e dá vida a nosso ser físico, que é composta de nossos pensamentos, sentimentos e crenças. Ambas as partes física e não física de nossa existência são inseparáveis, feito unha e carne.

A espiritualidade é uma prática para fazer a conexão entre essas duas partes de seu corpo. Como seres humanos, estamos acostumados a usar uma abordagem "de fora para dentro" para julgar quão felizes somos, o que define o espírito da jornada de nossa vida em direção a um destino que nunca nos satisfará de verdade. Para mim, a espiritualidade é um lembrete do que você é: um "puta de um sucesso". É a prática sagrada de ouvir seu interior para perceber o próprio potencial. É, também, a fé inabalável de que há algo que realmente segurará as pontas nessa jornada da vida, a cada passo de seu caminho, se você permitir.

Deixe-me esclarecer alguns mitos sobre o que significa ser uma pessoa espiritualizada. Não uso calça de fibra de bambu, não tenho uma folha de lótus, é provável que me vejam falando "foda-se" em vez do mantra hindu "Om", e, sim, raspo minhas axilas. Eu costumava acreditar que ser espiritualizada era para pessoas que não eram normais. Após anos sofrendo com *bullying* e tentando desesperadamente me encaixar (tanto que implorei à minha mãe que mudasse meu nome de registro), senti que eu nem sequer conseguiria contemplar algo, ou que isso poderia interferir de forma tão grandiosa em minha busca eterna em ser totalmente "normal". E, sendo totalmente sincera, até a palavra "espiritualizada" me dava arrepios... e muito! Mas minha vida precisava mudar e, francamente, eu estava disposta a me abrir para qualquer coisa, pois o que fizera até ali não havia funcionado.

Se você conseguir entender e aproveitar o poder do Universo em sua busca por transformação, achará a jornada dez vezes mais fácil e preencherá seus dias com mais alegria. Você pode ler todos os livros de sucesso sobre mindset do mundo, mas o segredo é utilizar a incrível fonte de energia a seu alcance para tornar seus sonhos realidade.

Vou falar, no capítulo seguinte, de forma mais aprofundada sobre como e por que o Universo pode aumentar sua chance de sucesso, mas preciso que você confie em mim. Quando reunimos psicologia e espiritualidade, criamos uma união como nenhuma outra e abrimos as portas para que a *magia* entre em sua vida. Minha vida melhorou radicalmente quando comecei minha jornada de desenvolvimento pessoal, mas mudou ainda mais quando comecei minha jornada espiritual e fiquei obcecada em construir a vida dos meus sonhos, ao entender e usar os fundamentos que ensino neste livro. Acredito nisso porque não é apenas algo que eu mesma experimentei, mas também vi acontecer com centenas de clientes e colegas. Se conseguir explorar essa inteligência universal invisível, doce e amorosa, que faz com que as coisas aconteçam no mundo, você transformará seu sucesso em algo estratosférico. É disso que se trata a espiritualidade. Honra de escoteiro. Honra de guia. Juro pela minha vida.

Quero que este livro seja sua máquina de lavar espiritual e psicológica. Quero que ele elimine todas as besteiras que você gravou em seu cérebro. Quero que ele a ajude a pegar a paleta, enchê-la com todas as cores mais loucas que você imaginar e que a ajude a pintar a imagem mais fantástica que faria até Picasso parecer um amador. Veja, não é fácil lutar contra décadas de condicionamento; por isso, preciso que você me prometa algo.

Você deve assumir um compromisso total e absoluto de fazer algumas coisas:

- Faça um compromisso diário com seu desenvolvimento pessoal.
- Leia todas as partes deste livro e tudo o que ensino nele.
- Cumpra as tarefas de cada capítulo. Elas farão mudanças além de suas crenças.
- Envie-me uma garrafa de prosecco.

Está bem, estou brincando sobre enviar uma garrafa de prosecco, apenas verificando se você ainda está atenta. Acima de tudo, preciso que você esteja totalmente aberta a uma nova perspectiva.

Mudando vidas

Os livros mudaram radicalmente minha vida e quero que este livro mude a sua. Lembro-me de estar sentada em uma cafeteria em 2012, no meio do inverno, com muito frio e uma barriga de grávida enorme. Tinha acabado de vomitar novamente após mais uma sessão de enjoo matinal e, depois de decidir faltar ao trabalho, encontrei consolo no calor de um chocolate quente. Abri um livro que tinha pegado na estante de minha mãe. O nome do livro era *Quem Pensa Enriquece*, de Napoleon Hill, e nunca, em um milhão de anos (até aquele momento), pensei que um livro pudesse mudar a trajetória de minha vida.

Esse livro me ensinou algo que ninguém nunca havia me ensinado antes. Eu estava tentando não respingar chocolate quente por toda parte, em choque, enquanto virava as páginas freneticamente, devorando cada palavra com uma paixão absoluta, pois ele me ensinava algo sobre o poder de minha mente. Isso era real? Os professores tinham se esquecido de me ensinar essas coisas na escola particular, à qual minha mãe tinha sido induzida a pagar milhares de dólares para que eu aprendesse a respeito das esposas de Henrique VIII e de como a chuva se forma nas nuvens.

Quero dizer, é bom saber essas coisas, mas nunca mudaram minha vida. As palavras contidas nesse livro, no entanto, mudariam!

Senti uma mistura de raiva e empolgação. Raiva porque, em quinze anos de educação, ninguém achou que seria necessário mencionar uma abordagem que *poderia mudar toda minha vida*. Comecei a fazer pesquisas no Google e me tornei uma viciada especialista em universo. Eu me lembro daquele dia na cafeteria como se fosse ontem. Lembro-me de sentir, pela primeira vez na vida, que era possível mudar e posso dizer honestamente que, quando me lembro de como eu estava naquela época, mal me reconheço — sem esperança, perdida e desesperada por uma saída de uma vida ruim.

Talvez você seja essa pessoa na cafeteria. Ou talvez você não seja ela de maneira alguma e tenha se preparado, porém sabe que há mais coisas a serem feitas. Talvez, ainda, você seja a pessoa que não faz ideia do que quer fazer da vida. Ou até alcançou o sucesso, mas, por dentro, se sente falida e não entende por quê, pois percebeu que os sapatos Jimmy Choo e o carro Range Rover não lhe trouxeram a felicidade que pensou que trariam. Qualquer que seja sua história, este livro lhe mostrará em que as coisas estão dando errado e como você pode alterá-las sistematicamente.

Quando analiso os últimos anos de minha vida e volto a pensar na década anterior, fico impressionada. Penso na garota que sofria de ansiedade, depressão, que passava a maior parte de seus dias julgando a si mesma e aos outros e se sentia perdida. O mais assustador era que, por fora, minha vida parecia boa, e eu estava me divertindo, mas, por dentro, era uma desistente crônica e uma artista bem treinada na arte da fuga. Era boa apenas em interpretar.

Então...

- É hora de superar o medo do fracasso e o medo do desconhecido.
- É hora de parar de viver a vida se comparando aos outros.
- É hora de dar um passo à frente e usar o poder da pessoa incrível e maravilhosa que você nasceu para ser.
- É hora de começar a se amar e acreditar em si mesma de uma forma que você nunca imaginou ser possível.
- É hora de dizer adeus às desculpas de que não tem tempo e/ou energia suficiente.

Se eu consegui fazer isso, acredito que você também consiga! Sou apenas uma garota comum que aprendeu a transformar o impossível em algo possível, e fiz tudo isso com a ajuda dos princípios presentes neste livro e de meu melhor amigo, o Universo. Às vezes, leva uma década para chegar ao ano em que sua vida realmente mudará. Você está pronta para fazer deste o seu ano?

Então, vamos começar essa jornada.

OS PRINCIPAIS APRENDIZADOS

- A situação em que você se encontra agora não é a situação em que você poderá estar em uma semana, um mês ou um ano.

- A psicologia é fundamental para a mudança em sua vida, e tudo começa pela mente.

- Quando você traz o Universo para a equação, pode alavancar seu sucesso. Sua arma secreta é fazer do Universo seu melhor amigo.

- Não julgue até que você tenha lido o livro inteiro e cumprido todas as tarefas e ações.

- Você precisa se comprometer com sua transformação para que tudo isso funcione.

TUAP!

Confie no Universo

Vamos dar início à sua primeira tarefa, que elaborei depois de ler o livro de Pam Grout, *Energia ao Quadrado* (de 2013). Para que você confie em mim, precisa ver a prova. Afinal, a prova do pudim se tira ao comê-lo. Então, vamos testar o Universo. As regras são simples, mas você *deve* respeitá-las de forma absoluta. Você me prometeu anteriormente, lembre-se disso, que abriria a mente e deixaria o julgamento de lado até o final deste livro.

As regras:

1 Pelas próximas 24 horas, preciso que você deixe de lado qualquer dúvida, "achismos" e ACREDITE PLENAMENTE que o Universo é seu melhor amigo e a ajudará a cocriar sua vida. Só estou pedindo que você se comprometa com 24 horas (por enquanto).

O BOM, O RUIM, O FEIO

2   Quero que você encontre um local tranquilo e repita isto EM VOZ ALTA depois de mim. Você pode fazer adaptações, mas o importante é entender a ideia: "Olá, Universo, preciso acreditar que você me protege, acreditar mesmo que o fará; então, preciso que você me faça um favor. Preciso que você me mostre que está me ouvindo. Preciso que você me dê um presente nas próximas 24 horas. Você pode escolhê-lo, desde que seja uma surpresa. E também me diga que é você, deixe uma pista para eu perceber; então realmente saberei que veio de VOCÊ."

3   Está bem, agora seu trabalho é PROCURAR o presente. Sim, não se esqueça de que você pediu ao Universo e precisa ESPERAR que ele chegue. Você precisa SABER — 100%, com toda sua fé — que isso está acontecendo. Quando você vai a um restaurante e pede um prato de comida, confia e espera sua comida chegar. Você está pedindo um presente ao Universo e deve exercitar essa mesma expectativa.

4   Sente-se e aguarde o presente.

Siga essas regras explicitamente e preste atenção em como o Universo lhe entrega. O presente pode ser pequeno, mas lembre-se de que, se algo a surpreender dentro de 24 horas, esse é o presente que você estava esperando. Eu consegui convencer meu marido fazer essa tarefa uma vez. Ele relutou em participar e em pedir um presente. Mas, no dia seguinte, enquanto estava ajeitando umas coisas em casa, ficou empolgado ao encontrar um controle remoto que estava perdido há semanas. Ele ficou tão feliz e disse que simplesmente não podia acreditar — ele já considerava que tinha perdido o controle para sempre. Eu olhei para ele e o lembrei da tarefa que havíamos feito no dia anterior. Eu sorri, e ele passou a acreditar totalmente.

Agora é sua vez. Siga as regras e observe a mágica acontecer.

2

Tem Tudo a Ver com as Vibrações

O domínio vibracional será seu novo hobby — afinal, tricô é muito 2011.

TEM TUDO A VER COM AS VIBRAÇÕES

Lembro-me da primeira vez em que me apaixonei. Fiquei completa e loucamente apaixonada. Eu tinha 9 anos. Estava no acampamento de verão há duas semanas, e foi lá que aprendi minhas primeiras lições sobre o amor e sobre mim.

O nome dele era Vinnie. Ele tinha 8 anos e era meio gordinho, tinha cabelos escuros, mas havia algo nele que fazia meus olhos brilharem. Lembro-me da emoção de vê-lo e da tristeza que senti na hora de partir.

Além disso, lembro-me de ser corajosa. Eu não tinha medo de expressar meus sentimentos e, aparentemente, era uma romântica incorrigível, moldada pela imagem de princesa Disney desde que era muito nova.

Escolhi o momento perfeito para fazer minha declaração vencedora de um Oscar, que ocorreu no final das duas semanas, debaixo da água, no centro de lazer local. Existe algo mais romântico do que isso?

Quando sinalizei para Vinnie ficar debaixo da água, ao lado do inflável multicolorido, prendi a respiração e me preparei; depois mergulhei. Comecei a apontar para meus olhos freneticamente, depois indiquei que ele olhasse para o ponto em meu peito em que eu fazia movimentos de batidas de coração e finalizei apontando para ele.

"EU AMO VOCÊ!" movimentei meus lábios. Uau! Eu fiz mesmo isso!

Sinceramente, não me lembro do que aconteceu depois. Gostaria de dizer que ele retribuiu, mas provavelmente reprimi sua rejeição e coloquei-a na mesma pilha das de outras pessoas que conheci nos anos seguintes. Não durou mais do que o acampamento de verão, e eu tinha apenas 9 anos, mas nunca me esqueci de meu primeiro amor de verão.

Ele morava em outra cidade, e não havia chance de nos encontrarmos outra vez, mas eu passava os dias e as noites sonhando com ele. Três anos mais tarde, nos mudamos para uma casa nova, que ficava na mesma rua que a de Vinnie.

Uma década depois, eu o encontrei novamente em um pub, onde, em um estupor bêbado, ele contou, orgulhoso, a todos os seus amigos a história sobre como eu declarei meu amor eterno a ele debaixo da água. O constrangimento foi tão insuportável que quase fiquei sem ar.

Talvez você pense que isso foi uma grande coincidência. No entanto, também existe uma forte possibilidade de que, com base no que compartilharei neste capítulo, você consiga começar a enxergar o poder da energia em ação e como nossos pensamentos fornecem ao Universo um alerta ao criar nossa realidade física. Tenho certeza de que manifestei toda minha família se mudando para uma casa nova, para que eu pudesse reencontrar Vinnie. Desculpe-me, mãe.

Que diabos é "se manifestar"?

Então, deixe-me explicar uma coisa, porque entender os princípios por trás da manifestação é essencial. Quando você manifesta alguma coisa, traz para sua realidade aquilo em que pensou.

Essa é a chamada Lei da Atração, e isso, explicado de forma simples, significa que você pode atrair tudo o que deseja para sua vida — porque seus pensamentos podem se tornar sua realidade física. É uma lei *universal*, o que significa que funciona para *todos*, *o tempo todo*, independentemente de estarmos cientes disso ou não; e não podemos alterar leis! Lembro-me de que, quando eu era criança, minha mãe sempre me dizia que eu era capaz de fazer o que quisesse. E ela estava certa, mas há toda uma dimensão por trás disso que eu nunca entendi de verdade.

A Lei da Atração afirma que podemos atrair o que quisermos, se realmente desejarmos. Tudo em nosso mundo físico — nossos corpos, nossos relacionamentos e nossas finanças — é um reflexo direto de nosso estado emocional e de nossos pensamentos. Simplificando, o modo como você se sente por dentro espelha quem você é por fora. Sua percepção do mundo exterior está diretamente relacionada a seu mundo interior. Isso significa que, conscientes disso ou não, somos responsáveis por trazer influências positivas e negativas para nossas vidas.

TEM TUDO A VER COM AS VIBRAÇÕES

Isso não é algo absurdo e sem coerência. Como seres humanos, confiamos tanto na noção de que aquilo que vemos com os olhos é a realidade que podemos ser desculpados por não apreciarmos realmente o que existe além disso. Há muitas formas de ondas de energia dentro do espectro eletromagnético — por exemplo, rádio, luz, som, infravermelho, ultravioleta, gama, entre outras. Elas existem ao nosso redor e podem ser medidas com instrumentos científicos, mas são invisíveis aos nossos olhos. Isso significa que devemos abrir a mente para o que não conseguimos enxergar. A gravidade não é visível, mas podemos senti-la, pois é ela que faz com que permaneçamos no chão. Não podemos enxergar a eletricidade, mas sabemos que não devemos enfiar o dedo na tomada. Ter fé na Lei da Atração significa confiar que há forças invisíveis trabalhando incansavelmente à nossa volta.

Reflita sobre seu mundo físico e tudo o que há de tangível nele — carros, casas, pessoas, um freezer cheio de Ben & Jerry — está bem, talvez apenas eu esteja pensando nisso. Antes do carro, veio a ideia do carro. Antes da construção da casa, surgiu o *desejo* de construir uma casa. Antes que Ben e Jerry fizessem potes de sorvetes deliciosos e com enormes quantidades de calorias, surgiu o *pensamento* de construir um império de sorvetes. Tudo o que existe no mundo *físico* começou com um pensamento, um devaneio ou um desejo.

É claro que não estou negando o fato de que você precisa agir. Um carro não apareceu magicamente, em uma nuvem de fumaça, logo após a ideia ter sido concebida como um truque de mágica com a varinha de Harry Potter. Uma empresa não arrecada automaticamente um milhão de dólares apenas porque alguém expressou o desejo de abri-la. Nosso corpo físico deve trabalhar em conjunto com a Inteligência Universal não física. É essa Inteligência Universal que nos ajuda ao longo do caminho, oferecendo as oportunidades certas e os insights para fazer com que nossas ideias se concretizem mais facilmente.

Depois de manifestar um desejo, a Inteligência Universal usará a energia dela para fazer com que ele se torne realidade. Se você estiver fantasiando sobre um novo parceiro em sua vida e se essa visão estiver nítida em sua mente, o Universo a ajudará a criar as circunstâncias por meio das quais você conhecerá essa pessoa. Se você consegue mentalizar nisso, então sempre haverá a possibilidade de isso se manifestar em sua realidade física. A ideia foi entregue a você porque *foi feita* para você. O desejo foi entregue a você porque foi feito para você. Se você consegue visualizar isso em sua mente, então tem o poder de tornar realidade. Isso não é legal? No entanto, é fundamental entender que, embora os pensamentos sejam criativos, nem todos são igualmente criativos. Você consegue obter tudo em que pensa? Não, não consegue, e graças a Deus que não. Quero dizer, imagine se todo pensamento de um adolescente se tornasse realidade — o mundo seria totalmente confuso!

Muitos dos pensamentos que as pessoas manifestam nunca se concretizam pela falta de muitos dos ingredientes necessários para transformá-los em realidade física. A maioria dos pensamentos não tem força suficiente para fazer as coisas acontecerem. Não há ambição, desejo e crença suficientes por trás deles, e os pensamentos não são repetidos com uma frequência suficiente para ganhar poder e movimentar essa energia. Qualquer coisa em que você preste atenção crescerá enquanto estiver alimentando bastante energia positiva nessa direção. O desejo e a atenção fornecem energia à Lei da Atração, que literalmente te transforma em um ímã para seus desejos e transporta tudo o que você mentaliza no mundo não físico de seu pensamento para seu mundo físico.

Algumas coisas precisam de mais tempo para serem orquestradas pelo Universo, enquanto alguns pensamentos se manifestam rápida e facilmente, mesmo sem muita energia ou foco. Você já pensou em alguém e, de repente, essa pessoa telefonou para você do nada? Alguns podem achar que isso é coincidência, chance ou sorte. Mas acredito que é o Universo lhe mostrando que aquilo em que você pensa pode se tornar realidade.

Então, o que é a Inteligência Universal?

A física nos mostra que todo o universo é formado pelo movimento de energia e informação e, em algum nível, tudo é composto das mesmas matérias-primas — carbono, oxigênio e nitrogênio.

Imagine um tomate. Um tomate vermelho, bonito e suculento. De onde ele veio? Você está dizendo: "De uma semente"? Bem, se você segurasse algumas dessas sementes entre os dedos e as esfregasse por tempo suficiente, o que aconteceria com elas? Virariam pó. Se você colocasse esse pó em uma lente de microscópio, não veria moléculas mágicas para o cultivo de tomate, apenas os mesmos átomos dos quais nós e tudo mais somos feitos.

Somos feitos do mesmo material que o pó de sementes de tomate, mas algo faz com que esse pó se transforme em lindos tomates vermelhos deliciosos — uma força energética estupenda. Essa mesma força capta nossos pensamentos e os transforma em realidade física. É essa mesma energia que faz os cabelos e as unhas crescerem e nos ajuda a respirar todos os dias. Não damos o devido valor a essas coisas e não paramos para questionar *como* isso realmente acontece.

Por fim, somos feitos do mesmo material que uma cadeira, uma árvore, o tomate e até aquela meia velha fedorenta que você sempre encontra debaixo da cama. É apenas um monte de partículas de energia vibrando. É uma revelação que me impressionou. Então, basicamente, somos todos apenas meias que andam, conversam, pensam — e espero que não cheirem mal! Está bem, posso ter ido longe demais, mas isso me fez rir.

A semente é um potencial de um grande tomate — é a "ideia" por trás do tomate. Com fé, sabemos que, se plantarmos essa semente, se a regarmos e a colocarmos sob a luz do sol... *tchanã*, um tomate crescerá ali! Não duvidamos de que a semente se transformará em um tomate. Acreditamos que ele crescerá, mesmo que nunca nos perguntemos o que realmente faz com que ele cresça. Bem, essa incrível força poderosa é a energia sem forma e a inteligência por trás da vida, que podem significar muitas coisas diferentes e ter formas diferentes — a Fonte, Deus, a Mãe Natureza, a Grande Mãe, Allah, a Deusa ou a Força da Vida.

Todas se tratam da mesma coisa: uma energia poderosa que transforma ideias em realidade. Refiro-me a essa força invisível como Universo ao longo deste livro. O Universo está tirando fotos de nossa mente e nos ajudando a transformá-las em nossos empregos perfeitos, nos carros dos sonhos, nas bolsas Mulberry e nas(os) parceiras(os) ideais. Ter fé nessa força invisível da natureza o ajudará a transformar sua vida mais rapidamente do que você jamais conseguiria, pois lhe dá o conforto de saber que você não está sozinha nessa jornada e que pode deliberadamente cocriar sua vida. Então, como você consegue perceber, a manifestação é *energia*.

Gostando ou não, acreditando ou não, essa energia está sempre trabalhando em segundo plano. Se você está tentando perder peso, encontrar o amor de sua vida ou ganhar mais dinheiro, existem maneiras práticas e tangíveis de mudar seu mindset sob uma perspectiva psicológica a fim de que isso aconteça, e eu compartilharei tudo isso com você ao longo deste livro. No entanto, é incrível saber que você pode manifestar e criar o que deseja, se realmente desejar, e projetar uma vida dos sonhos.

Então, como diabos você manifesta o que quer?

Deixe-me começar dizendo que, embora existam algumas etapas claras para deliberadamente criar sua vida (também conhecida como manifestação), esse também é um processo natural para nós — depois que você ler todo este livro e começar a liberar seu potencial, descobrirá que a manifestação se torna, com o tempo, mais natural e menos um "passo a passo".

Certa vez, ouvi uma explicação que ilustrava isso muito bem. Digamos que você foi para a escola quando criança, onde aprendeu sobre a

TEM TUDO A VER COM AS VIBRAÇÕES

manifestação, e a noção de manifestação se tornou tão básica que você sequer a questionou mais. Seus pais, professores e colegas apoiaram essa crença; portanto, você sabia que, se desejasse algo e tomasse uma atitude, aconteceria. Suas crenças seriam diferentes e sua visão de mundo seria totalmente diferente.

O primeiro passo para manifestar o que quer é *definir o que você realmente deseja*. No Capítulo 3, trataremos do estabelecimento de metas, o que ajudará a criar sua vida ideal. O segundo passo é *decidir que está feito*, o que significa ter total fé na Lei da Atração. Essa é a parte difícil, pois seu cérebro lutará contra você, pois você não frequentou a escola da manifestação, então precisa treinar sua mente e reprogramá-la para acreditar na Lei. A expectativa é uma força poderosa, pois dá a confiança para que você possa criar a vida que deseja. Quanto mais você vir as coisas acontecendo em sua vida e quanto mais testemunhar seus pensamentos se manifestando, começará a ter mais confiança, o que a ajudará a acreditar que essa porra é, de fato, bastante real.

Na tarefa TUAP!, ao final do Capítulo 1, eu disse a você para esperar, por 24 horas, que o Universo lhe entregasse um presente, com o mesmo nível de expectativa com que espera sua comida chegar em um restaurante. Imagine que você tenha frequentado, de fato, a escola em que pôde aprender sobre a manifestação. À medida que lê este livro e começa a ver as coisas mudarem em sua vida, sua fé no poder da manifestação aumentará, e seu "músculo da fé" ficará mais forte. Em vez de questionar se o resultado será concretizado, você adotará atitudes inspiradas no *conhecimento* e na *expectativa* de que o resultado será seu.

Falaremos mais tarde sobre o que significa uma "atitude inspirada". Para tomar uma atitude inspirada, você precisa entender quais são suas crenças profundamente enraizadas, como elas estão entrando em conflito com o que você deseja e o que fazer para reprogramá-las. (Vamos abordar esse assunto muito em breve.)

Seja um mestre vibracional — como ficar atento à Universo FM

Uma das peças mais importantes do quebra-cabeça, para que possamos manifestar o que queremos, é controlar nossos sentimentos. A maneira como você se sente libera uma vibração. Você já classificou alguém como uma pessoa de "vibração positiva" ou de "vibração negativa"? Bem, como seres humanos, podemos literalmente sentir a vibração das pessoas ao nosso redor. Quando sentimos alegria, amor, liberdade, gratidão e paixão, vibramos com uma frequência mais alta, e, quando sentimos medo, depressão, tristeza, insegurança e culpa, vibramos com uma frequência muito mais baixa.

Para nos manifestarmos, precisamos estar em alinhamento vibracional com o Universo. Para ter certeza de que estamos alinhados e de que a vibração que estamos produzindo está atraindo, e não afastando, o que queremos, precisamos prestar muita atenção em como estamos nos sentindo.

Imagine ter uma rádio, sendo que o canal em que você precisa estar sintonizada para manifestar seus desejos é a Universo FM. A Universo FM tem uma alta frequência vibracional. Em geral, quando estamos nos sentindo bem, estamos no modo "atração" e sintonizados na Universo FM, e, quando estamos nos sentindo mal, estamos sintonizados em uma frequência de carência — vamos chamá-la de M★rda FM. Quanto mais nos sentimos bem, mais abertos estamos para que nossos desejos sejam entregues facilmente. Simplificando, nossas emoções são os maiores indicadores de que estamos alinhados com o universo.

Você já reparou que algumas pessoas parecem ter tudo na vida e são muito "sortudas", pois estão sempre recebendo coisas cada vez mais incríveis? Por outro lado, lembre-se de que há dias em que as coisas dão errado, uma após a outra. Não existe coincidência! Tudo depende de sua energia, que cria tudo o que sua mente vibra, e é exatamente dessa forma que a Lei da Atração funciona.

TEM TUDO A VER COM AS VIBRAÇÕES

Vamos deixar a energia um pouco de lado e analisar isso de uma perspectiva psicológica. Se você quer muito alguma coisa, o fato de se sentir feliz e energizado e com o "estado de espírito equilibrado" a ajudará a tomar medidas para obter o que deseja. Há inúmeros estudos acadêmicos que mostram que indivíduos felizes são bem-sucedidos em diversas áreas da vida, como casamento, amizade, renda, desempenho no trabalho e saúde. Os psicólogos também argumentam que há uma relação entre a felicidade e o sucesso não apenas porque o sucesso faz as pessoas felizes, mas também porque uma vibração positiva alimenta o sucesso.

Quando conheci a Lei da Atração, estava disposta a acreditar em qualquer coisa, apesar de pensar de forma cínica na época. Tentei manifestar 100 mil libras em minha mente, mas não compreendia que há todo um processo a seguir para "ativar" a Lei da Atração. Eu estava largada no sofá, comendo um pacote de batata frita, me perguntando por que (uma vez que ficou claro que as 100 mil libras não estavam vindo em minha direção) o universo me odiava. A verdade é que eu não estava em um estado de espírito equilibrado; estava sintonizada na M★rda FM. Nunca atrairia nada (ou faria qualquer coisa para ganhar 100 mil libras), pois minha energia estava em uma vibração muito baixa, e imediatamente desrespeitei todo o conceito da Lei da Atração.

Administrar a vibração de sua energia é a regra número um para manifestar seus desejos, e essa é uma das coisas mais difíceis para nós, seres humanos. Por quê? Porque, durante muito tempo, deixamos nosso subconsciente demasiadamente condicionado comandar nossa vida e nos deixamos influenciar muito facilmente pelo que acontece ao nosso redor no mundo físico, em vez de explorar o potencial mais alto que podemos alcançar. Nossas emoções se tornam, com frequência, um subproduto das situações que acontecem à nossa volta, do impacto que outros seres humanos causam em nós e na limitação do nosso subconsciente com relação ao padrão de nossos pensamentos.

Então, como podemos começar a mudar nossa energia para estar sempre sintonizados na Universo FM? Como nos tornamos pessoas felizes, alegres e cheias de energia o tempo todo? Veja bem, somos humanos, e sou realista; às vezes, acontecem algumas coisas que nos irritam, como ser multados por estacionar em local proibido ou discordar da sogra (novamente). No entanto, existem maneiras de administrar nossa energia para que possamos recuperá-la rapidamente se, acidentalmente, sintonizarmos na M★rda FM e cantarmos a melodia "m★rda, m★rda, m★rda". Outras vezes, acontecem coisas realmente ruins em nossas vidas que nos deixam para baixo e, então, entramos em um estado de vibração negativa.

É seu trabalho, porém, ter plena consciência de si mesma (este livro a ajudará a fazer isso) para que, mesmo nos momentos em que sente raiva, ira, ciúme, inveja ou qualquer outra emoção negativa, você saiba como mudar rapidamente sua energia e volte a pensar positivamente. Isso não significa reprimir ou ignorar as emoções negativas. Elas são tão importantes para nós quanto as positivas, uma vez que nos fornecem dados valiosos. Precisamos sentir tudo o que está se passando dentro de nós por dois motivos:

1   Quando nos sentimos tristes, frustrados ou passamos por algo desafiador na vida, podemos usar isso como um lembrete daquilo que não queremos. Quantas histórias de sucesso você já ouviu sobre pessoas pobres que se tornaram muito ricas? Muitas vezes, é preciso chegar ao fundo do poço para sentir um desejo sincero de realizar uma grande mudança na vida.

2   Quando passamos por momentos difíceis na vida, percebemos em que pontos precisamos aumentar a resiliência, a confiança e o entusiasmo. Isso nos dá a oportunidade de analisar se estamos nos vitimizando.

Entenda uma coisa: a dor é física, mas o sofrimento é mental e, mesmo nos piores momentos de nossas vidas, sempre temos a opção de pensar de maneira diferente. Não há nada demais em ser positivo; nós podemos optar por enxergar as situações por meio de uma lente diferente — a que traz uma solução para nossos problemas.

TEM TUDO A VER COM AS VIBRAÇÕES

Sei que meus sonhos e desejos dependem de como vou manter minha vibração positiva; desse modo, transformei isso em uma forma de arte. Quero que você também faça disso uma arte. O domínio vibracional será seu novo hobby — afinal, tricô é muito 2011. Quando terminar de ler este livro, você terá todas as ferramentas dignas de um perfeito mestre vibracional — será como ter poderes de super-herói. E, embora eu saiba que (por mais que sonhe com isso) nunca poderei voar sem a ajuda de algum tipo de "mochilamóvel" ainda não inventado, acredito que nós, seres humanos, somos capazes de alcançar determinado nível de domínio vibracional que nos permite manifestar algumas coisas loucas.

E como podemos nos tornar mestres vibracionais e atrair o que queremos como em um passe de mágica? (Só para constar, finalmente consegui manifestar aquelas 100 mil libras em um mês — isso realmente funciona.)

Limpe sua conexão

O primeiro passo é imaginar um túnel de luz saindo do topo de sua cabeça e indo em direção a uma grande bola de energia amarela. (Você já fez isso em uma aula de ioga?) Essa grande bola de energia amarela representa o centro do Universo. Lembrando que esse túnel de luz precisa ser de um branco brilhante, para que consigamos manifestar o que desejamos. Odeio lhe contar isso, mas, para muitas pessoas, ele é preto — sim, *preto*! Embora, na maioria das vezes, preto seja minha cor preferida de roupa, quando se trata de conexão com o Universo, o túnel precisa ser branco brilhante.

Minha preferência pela cor preta vem dos anos de condicionamento, comparação, julgamento, crítica e reclamação. Levante a mão se você também gosta! Droga! *Todos* gostamos; e se você está balançando a cabeça com um "não", pode parar agora mesmo com essa ladainha de transformar sua vida, porque ser honesta consigo mesma é a primeira coisa que você deve fazer. Seu trabalho é fazer uma limpeza nesse túnel, para que possa ter acesso direto, claro e eficiente ao Universo, o que permitirá que você manifeste seus desejos mais profundos.

E como conseguimos limpar nosso túnel de conexão com o Universo? Bem, primeiro precisamos entender algumas coisas que aconteceram dentro de nós e que corroeram esse túnel, tornando-o preto. Vamos começar pelo fato de que, embora sejamos uma única pessoa, operamos em diferentes níveis.

Em primeiro lugar, como expliquei anteriormente, podemos operar com base em níveis consciente e subconsciente. Por mais assustador que possa parecer, mais de 80% das coisas que fazemos vêm do subconsciente. Ou seja, o cérebro economiza energia ao "automatizar" nossos processos e pensamentos diários. Lembre-se de que o cérebro não é nada mais do que um órgão que funciona como um computador, armazenando e processando dados.

Em segundo lugar, podemos operar com base no Ego ou em uma Inteligência Superior, a que chamarei de Alma. Darei uma explicação simples sobre o que é o Ego de uma perspectiva puramente espiritual, não psicológica. O Ego é sua parte "pensante", e o que compõe a "voz" dele é o condicionamento imposto pela sociedade e por nossas experiências passadas. Seu estado padrão é o medo, e, muitas vezes, a voz do Ego tem raízes na irracionalidade. O Ego cria uma ilusão baseada em suas experiências humanas e nega o fato de que há uma parte em você que não tem raízes no mundo físico. Ao longo da vida, acreditamos que a voz do Ego é verdadeira, pois é ela que fala mais alto dentro de nossa mente. A descrição que Sogyal Rinpoche faz no livro *O Livro Tibetano do Viver e do Morrer* traz uma explicação brilhante: "Há duas pessoas vivendo dentro de você a vida toda. Uma é o ego, tagarela, exigente, histérico, calculista; a outra é o ser espiritual oculto, em cuja voz de sabedoria silenciosa você raramente presta atenção, ou sequer escuta".

Quando eu estava na universidade, morava em um alojamento estudantil com minha melhor amiga. Ela me fazia rir, sempre me fazia sentir bem comigo mesma e me amava exatamente da forma que eu era. Decidimos arrumar mais alguém para dividir a casa, e uma pessoa que já conhecíamos aproveitou a oportunidade e foi morar conosco. No entanto, as coisas começaram a piorar rapidamente. A nova inquilina era uma pessoa negativa e parecia sempre focar o pior lado das situações. Ela baixou a vibração da casa, e passamos a nos sentir tensas perto dela.

Costumávamos dividir as compras domésticas básicas, como o papel higiênico. Em uma ocasião específica, essa colega desagradável criticou minha melhor amiga por usar muito papel higiênico. Ela a acusou de gastar muito papel e insistiu que ela usasse apenas uma ou duas folhas por vez! Obviamente, achamos hilário o fato de ela ter esse mindset de escassez; então o racionamento se tornou assunto de discussão em nossa casa. No entanto, suas constantes exigências totalmente irracionais nos fizeram sentir como se tivéssemos que "pisar em ovos" dentro de nossa própria casa.

O Ego é a polícia do papel higiênico em ação! Ele faz com que você fique correndo de lá para cá, convencendo-a de que a felicidade pode ser encontrada em algum lugar *fora* de você. O Ego gosta de falar sobre querer bens materiais e a convencerá de que comprar coisas lhe trará felicidade. Ironicamente, após adquirir essas "coisas", ele lhe dirá que não são o suficiente. O Ego também considerará sempre o pior cenário, culpará os outros por sua infelicidade e julgará todas as pessoas que estão ao redor. A voz do Ego gosta de estar certa, odeia ser questionada e adora se fazer de vítima. O Ego a convence a ser egoísta e a cuidar apenas de si mesma, porque a vida — de acordo com o Ego — é feita para trabalhar, sofrer e depois morrer. Ele a faz viver como se você fosse uma galinha sem cabeça em uma corrida para alcançar o sucesso e não tem nenhuma intenção de fazê-la se sentir completa. O Ego lhe dirá que ninguém gosta de você, que você não é bonita o suficiente e que sua bunda é grande demais. Resumindo, o Ego é meio babaca.

Nesse plano de existência, simplesmente vivemos uma vida no piloto automático, em que somos guiados por nossos pensamentos sem nunca questionarmos qual é nosso objetivo nem explorarmos de verdade nosso verdadeiro potencial.

Precisamos transcender esse nível rudimentar de existência se quisermos sentir uma felicidade genuína e manifestar a vida com que sonhamos. Em um nível mais elevado, nos tornamos conscientes e começamos a perceber que pensamentos são apenas pensamentos, dados sendo empurrados de nosso cérebro (que é um sistema operacional) e que podemos mudá-los a qualquer momento, assim que começamos a tomar consciência deles. Isso nos permite passar por essa jornada em um nível muito diferente, o nível da *Alma*.

A maioria das pessoas vive no cenário do Ego, e é meu trabalho ajudá-la a começar a viver no cenário da Alma. Neste nível, você começa a perceber que está conectada à Inteligência Universal e tem o poder de manifestar seus pensamentos. Quando o nível da Alma é alcançado, em vez de viver a vida com medo, você começa a reconhecer que tem potencial ilimitado e que a vida é cheia de possibilidades também ilimitadas. Sua Alma, se preferir falar dessa forma, é sua parte divina conectada com o Universo. Está disposta a cuidar de você espiritual e emocionalmente e costuma se comunicar sem usar palavras. Enquanto a voz do Ego tem uma presença forte e autoritária em sua mente, a voz da Alma "fala" mais suave e silenciosamente. Geralmente, ela se comunica mais sutilmente, mas também pode se tornar persistente ou incômoda. Quando você está conectada a essa parte divina, tudo parece fazer sentido, e você começa a reconhecer melhor seus sentimentos. A Alma vê a vida através das lentes do amor e se orgulha em optar por enxergar apenas o lado bom das coisas.

Sua Alma sabe que você é incrível, mesmo sem ter todos aqueles bens materiais que o Ego deseja que você adquira. Ela abraça você gentilmente e age por meio de sua intuição e inspiração, para que entenda que suas ideias são importantes e que grandes conquistas estão reservadas para você neste planeta. Ela servirá como guia para que você corra atrás de seus principais interesses, aqueles pelos quais sente paixão.

Durante grande parte de sua vida, o Ego, como aquela colega desagradável, comandou a bagunça e a fez viver pisando em ovos. À medida que envelhecemos, o Ego ganha força e se torna ainda mais tagarela. Ele abafa a voz da Alma.

Para limpar o túnel e reacender a conexão com o Universo, você precisa ter total consciência de seus pensamentos e determinar quem está no comando em todos os momentos de sua vida. Há uma batalha constante entre o Ego e a Alma, mas, quando você atinge o nível de consciência (algo que a maioria dos seres humanos nunca faz), recupera a incrível sensação de poder sobre a própria vida.

Quando nossa vida é liderada e orientada por nossa Alma, nossa energia vibracional vai às alturas automaticamente. Aprendemos a parar de julgar, comparar, criticar e começamos a amar, perdoar, agradecer e viver com alegria. Quando estiver sendo comandada pelo Ego, você xingará o motorista que atravessar em sua frente na estrada, em vez de apenas deixá-lo passar com um sorriso, pois sabe que chegar uns minutos depois não tem tanta importância. O Ego estará sempre lhe contando histórias sobre como você nunca alcançará o sucesso (portanto, não se preocupe tanto com esse novo empreendimento!), porém, sua Alma, assim como sua melhor amiga, continuará cutucando, inspirando e animando você ao longo do caminho e da jornada. Quando você permite que o amor guie sua vida, você a lidera no nível da Alma. Quando deixa o medo prevalecer, o Ego enche sua mente de mentiras.

As pessoas me perguntam com frequência como manifestei coisas tão surpreendentes em minha vida. Compartilharei, ao longo deste livro, o processo que levou à minha mudança, mas tudo começou pelo fato de ter consciência de meus pensamentos e de escolher levar a vida com amor e ignorar o maldito e ameaçador Ego. Quando você começar a reconhecer quem está no comando de sua vida, pode começar a equilibrar sua energia para garantir que esteja trabalhando com a energia do amor em alta vibração. Comecei a observar meus pensamentos e percebi que podia escolher mudá-los se eu quisesse. Nós, seres humanos, temos sorte, pois somos capazes de treinar nossa mente, a fim de nos tornarmos conscientes da energia e das informações que queremos ou não manter em nossa vida. Somos formados por energia: tudo o que manifestamos é puramente energia.

TOME UMA ATITUDE, PORRA!

Mas deixe-me dizer uma coisa: mudar as coisas pode parecer muito difícil. Mudar nosso mindset, tomando consciência de nossos pensamentos e de nossas ações, é provavelmente uma das coisas mais difíceis de se fazer, mas é o segredo para liberar uma transformação duradoura e permitir que a felicidade se infiltre em nossa vida. Aprendi que, ao eliminar o ódio, a inveja, o ciúme, o egoísmo e o cinismo de nossa vida e ao desenvolver amor por uma pessoa, por mais irritante que ela seja, e, o mais importante, o amor-próprio, posso conseguir o que quero, porque estou sintonizada na Universo FM.

Aprendi que ter uma atitude negativa em relação aos outros nunca me trará o sucesso que desejo; e eu quero esse sucesso. A questão é: Quanto você realmente deseja?

Digamos que você acordou do lado errado da cama, reclamando porque é manhã de segunda-feira e porque você precisa se arrastar até um trabalho que odeia. Isso a deixa de mau humor imediatamente. Essa energia não é propícia para alcançar o que deseja na vida, pois é de baixa frequência — ou seja, você sintonizou na M*rda FM. No entanto, você tem a opção de alterar esse pensamento. Você pode colocar uma música de que gosta muito, dançar como louca pela sala e lembrar a si mesma de que é incrível e tem o poder de mudar sua vida. Ao mudar seus pensamentos, você muda suas emoções, as quais, por sua vez, movem sua energia a um patamar mais elevado e orientam suas ações. Em seguida, pode se concentrar em um plano para mudar sua situação atual, em vez de se concentrar nela especificamente.

Como é possível perceber, mudar o mindset é fundamental para ativar a Lei da Atração. Esta dá a coragem necessária para enxergar que você tem liberdade para assumir o controle de seu futuro, moldando-o da maneira que quiser. E isso é muito empolgante!

Independentemente se você adotará essas medidas por completo ou não, a mensagem que quero passar neste livro é que, quando estamos nos sentindo bem, podemos fazer muito mais coisas acontecerem em nossa vida. Quando decidimos deixar de ver as coisas pelo lado negativo, abrimos um mundo de possibilidades. E o melhor disso é que você tem o poder de *escolha*. Você pode escolher pensar de maneira diferente e sentir-se diferente. Isso significa que você pode ter total controle sobre sua vida, se quiser, e que não precisa mais ter nenhum tipo de crença de que está presa à determinada situação ou destinada a viver uma vida comandada pelo condicionamento aprendido durante sua infância.

OS PRINCIPAIS APRENDIZADOS

- Quando você manifesta um desejo, traz para sua realidade algo em que pensava.
- Para manifestar algo, você deve estar sintonizada na Universo FM e vibrar em alta frequência.
- Para manter uma "vibração positiva", você deve estar ciente de como se sente e aprender a controlar seus sentimentos.
- O Ego é a parte de você que é baseada no medo e que foi criada com base no condicionamento durante a infância.
- Sua Alma é a parte amorosa e poderosa de você que está diretamente conectada à inteligência universal.

TUAP!

Interpretando papéis com o Universo

Isso é um truque para mudar sua energia. Quando você consegue sintonizar a energia da versão mais foda de si mesma, consegue mudar sua vibração. A maneira mais rápida de manifestar seus desejos é garantindo que sua energia esteja, *no momento*, alinhada com a da Universo FM, mesmo que sua situação não corresponda à realidade desejada. Se pensar e agir de acordo com o futuro idealizado em vez de sua realidade atual — pode parecer louco —, aprenderá imediatamente a pensar sobre tudo de maneira diferente.

Reserve um momento para se imaginar daqui a dez anos, com *tudo* o que deseja: dinheiro, parceiro de seus sonhos (ou permanecer solteira), um corpo saudável e tonificado, sem nenhuma doença, uma família que a ama, amizades que a satisfaçam, e que tal adicionar um jatinho particular para ficar ainda melhor?

Quero que você se imagine realmente feliz, sentindo-se emocional, mental e fisicamente realizada. Esse "eu do futuro" que você pode ver em sua mente vibrará com uma frequência muito alta porque é a versão mais feliz, melhor e mais realizada de si mesma. Sinta a energia dentro de você mudar à medida que se vê vivendo a vida de seus sonhos.

Agora, anote cinco coisas que você *sentiria*, cinco coisas em que *acreditaria* e cinco em que *pensaria* se isso acontecesse, se fosse a pessoa que sonha em se tornar. Use a seção de anotações ao final deste livro para escrever isso.

Essa é a vibração que você precisa trazer para seu cotidiano.

Você pode criar sua manifestação ao convocar esses cinco sentimentos, essas cinco crenças e esses cinco pensamentos para o momento presente. Quando fizer isso, você se tornará um ímã para as energias positivas do Universo, que a ajudarão a tornar realidade seu "eu do futuro" ideal.

3

Mentalize, Consiga! #otimismo

Não diminua seus sonhos, alimente sua fé, querida.

Eu me lembro claramente de dizer, tímida, que queria ser atriz — ou, para ser sincera, qualquer coisa que envolvesse atuar em um palco — para meu orientador de carreira na escola. Fiquei tímida porque, por diversas vezes, as pessoas me disseram que eu não estava sendo realista e que não seria um trabalho estável. No fundo, no fundo, estava convencida de que o que eu queria não era possível. Houve tanto *blá, blá, blá,* que toda vez que alguém mencionava algo sobre meu futuro, parecia que meus sonhos estavam sendo empurrados para um lugar cada vez mais distante. Talvez você esteja conseguindo se identificar com isso?

Adivinhe o que tudo isso me ensinou desde criança? Não tenha objetivos. Não tenha grandes sonhos. Pare de compartilhar quaisquer objetivos ou sonhos, pois as pessoas dirão que eles não são viáveis. Mantenha-se confortável, seja realista e comum.

Essa foi a mensagem que me passaram e, sem dúvida, você sabe exatamente do que estou falando. Meus objetivos de vida e meu foco se voltaram para o que todos estavam fazendo, o que todos esperavam que eu fizesse e o que eu achava que seria aceitável para a vida em sociedade. Parei de ouvir minha intuição, de lutar por meus sonhos e me senti como Nemo, tentando desesperadamente encontrar o caminho de casa.

Uma parte importante da Lei da Atração é entender que aquilo em que você deposita seu foco e sua energia tem um enorme impacto sobre o que acontecerá com você. Neste capítulo, compartilharei uma forma de criar metas estimulantes e a ensinarei como alcançá-las, mesmo que elas pareçam estar fora de alcance no momento. Quero que você se sinta à vontade para definir metas que a deixem irritada e que até a façam enrugar um pouco a testa, pois assim você saberá que está sendo fiel a si mesma e que está se permitindo ter sonhos *realmente* grandes.

Seus objetivos precisam significar algo para você

Os objetivos dão um senso de direção que diminui o sentimento de inadequação. Quando você tem um plano de ação para colocar esses objetivos em prática, bem... você consegue fazer o que quiser! As pessoas com quem me encontro sempre fazem a mesma pergunta, a qual também me fiz uma dúzia de vezes: "O que faço da minha vida?". Como seres humanos, temos necessidades e, além das necessidades básicas, como alimento, abrigo e amor, todos temos o desejo de evoluir. Conforme descrito na pirâmide de Maslow, queremos "nos tornar tudo o que somos capazes de ser".

Precisamos ter a sensação de ter um objetivo na vida. Queremos alcançar sucesso. E o sucesso tem diversas formas, não significa apenas ter dinheiro — no início deste livro, escrevi que, para mim, ter sucesso é me sentir feliz e livre. Todas as coisas que faço em minha vida me permitem escolher o que quero e dar sentido a ela; esse é *meu* modo de me sentir bem-sucedida.

Mas o que o sucesso significa para você? É espantoso ver como tão poucas pessoas param e refletem sobre o que elas realmente querem. Essa é a primeira peça do quebra-cabeça para começar a transformação em sua vida, e quero que você pare um momento para refletir em silêncio e pensar na vida de seus sonhos. Onde você mora? O que faz? Quanto ganha? Você é casada? Tem filhos? Talvez você viva sozinha em uma cabana em frente à praia, na Tailândia, ou tenha se casado com um dançarino de flamenco no Equador. Seja qual for a vida dos seus sonhos, quero que você reserve alguns momentos para se perguntar: O que significa ser bem-sucedida para você? Qual é a *sensação*?

Se você entrasse em um carro e começasse a dirigir sem rumo, sem um destino em mente, apenas gastaria combustível e acabaria frustrada. Uma das principais necessidades humanas para a sobrevivência é o crescimento e, se não estamos progredindo na vida, acabamos tendo conflitos internos. Quando não temos um propósito e uma direção, apenas vagamos pela vida, e essa insatisfação pode gerar ansiedade, depressão, raiva, doenças físicas e vício em drogas pesadas (já passei por isso e tenho as cicatrizes para provar).

E mesmo as pessoas "bem-sucedidas" correm o risco de passar por essas crises e experiências se seus objetivos são motivados principalmente por ganhos materiais. Há muitas celebridades que, aparentemente, vivem com toda a pompa que o sucesso traz — dinheiro, carros, casas, fama — e, ainda assim, a mídia está repleta de histórias de dependência e surtos. Por quê? Porque essas pessoas focam um tipo de sucesso relacionado ao ganho material, deixando o Ego guiar suas vidas e sacrificando outras partes delas. E muitas têm o mesmo final — se acabam e, depois, vão para a reabilitação. Não desejo isso para você. Quero que deseje coisas para sua vida que preencherão sua Alma e a farão feliz. Quero que você se torne a melhor versão de si mesma, e não que apenas se mate para melhorar uma área de sua vida.

É importante ter em mente, também, que seus objetivos devem ser seus. Confie em mim, muitas pessoas têm objetivos que não são delas. Há diversas pessoas que têm objetivos baseados em algo de que seus pais se orgulham, que a sociedade admira ou o que elas consideram ser a coisa certa a fazer, apesar do fato de que esses objetivos não as fazem felizes. Certamente, esses são os tipos de objetivos que não quero que você tenha em sua lista.

Estabelecendo metas com maestria

Vou lhe mostrar não apenas como definir as metas que você sonha alcançar, mas também quero que você use sua arma secreta — o Universo!

Então por onde você pode começar a estabelecer metas?

Em primeiro lugar, é preciso saber em que direção você está indo. Seu GPS interno exige que você indique um destino. É preciso ter total clareza sobre o que o sucesso significa para você e compreender qual será a sensação e o aspecto do ambiente quando chegar lá.

Não se esqueça: o que queremos é domínio vibracional! Portanto, a razão pela qual tantas pessoas ficam presas a um eterno "não sei o que fazer" é porque têm medo de deixar a imaginação solta e sonhar com todas as possibilidades existentes. Elas se sentem sobrecarregadas com perguntas como "Como isso acontecerá algum dia?", em vez de aproveitarem a magia e a emoção de viver o que há pela frente.

Com isso em mente, dê o primeiro passo e pegue um pedaço de papel e seja totalmente honesta sobre o que deseja para si. Responda a esta pergunta: Qual seria seu maior desejo na vida, mesmo sem ter ideia de como tornar isso realidade? Preciso que você esqueça qualquer pensamento realista. Deixe o "Como?" fora disso. Apenas escreva. Só quero que você *se divirta* ao escrever seu desejo.

Mesmo que você não saiba exatamente os detalhes desse desejo, basta elaborar uma ideia de como quer que sua vida seja e, mais importante do que isso, de como quer se sentir. Lembre-se de que não é algo determinante, você poderá mudar uma coisa ou outra. A atividade de TUAP! ao final deste capítulo vai ajudá-la a esclarecer isso; mas saiba que, quando você compreender quais são seus objetivos, os eventos começarão a acontecer para torná-los realidade — ou seja, se seguir todos os passos que lhe mostrarei!

Se você ainda está pensando na pergunta anterior, lembre-se das coisas que a deixam infeliz ou insatisfeita atualmente. Esse é um ótimo começo. Talvez você não goste de seu trabalho, ou esteja cansada de passar o Natal solteira, ou não goste do fato de que, quando vai ao supermercado, precisa vasculhar as seções de comidas próximas do vencimento. Às vezes, é mais fácil começar pelo que não gostamos e usar isso como medida para saber o que queremos mudar.

Nem todos têm grandes objetivos de mudar o mundo, e isso é totalmente aceitável. Lembre-se de que o sucesso é aquilo que você define para si, e isso varia de pessoa para pessoa. No entanto, é importante definir o que quer e, depois, focar e liberar boas vibrações para tornar realidade. Para que a Lei da Atração funcione, a atenção é fundamental; portanto, estabelecer metas realmente boas faz com que sua mente permaneça focada. Qualquer que seja sua meta, as coisas começarão a acontecer.

Vou compartilhar algo sobre como minha vida se desenrolou e o que isso mudou para mim. No inverno de 2013, eu estava sentada em meu carro, do lado de fora do berçário de minha filha, chorando como um bebê. Eu havia deixado minha filha de 14 meses pela primeira vez com um monte de estranhos. Lembro-me claramente de desejar com toda a força e do fundo de meu coração que minha vida mudasse, para que eu pudesse largar meu emprego e ficar em casa com minha filhinha.

O problema é que eu ainda não tinha ideia do que aconteceria. Na época, apenas desejava que algo mudasse, e eu queria ajuda para descobrir como fazer isso. Queria sentir liberdade.

Quero que você compreenda bem esta frase: às vezes, você não precisa saber os detalhes do que quer; só precisa saber como deseja se sentir com a mudança e deixar que o Universo lhe aponte a direção certa. E foi exatamente isso que aconteceu comigo. Os anos seguintes acabaram sendo os mais espetaculares. Um momento ruim me proporcionou uma referência para aquilo que eu queria mudar.

Quando estamos perdidos e confusos, podemos ter uma reação contrária à mudança se tentarmos entender as coisas de forma lógica, porque não temos certeza dos pequenos detalhes do que queremos. Ter esse tipo de reação não é uma sensação agradável, pois consome muito de nossa energia. Quando pedi ajuda, meu maior desejo era encontrar uma solução para sair da situação em que me encontrava. Com base nisso, minha única certeza era que queria trabalhar para mim mesma, o que, por sua vez, me deixaria feliz e livre e me permitiria estar com minha filha. Meu desejo era tão intenso que coloquei o Universo todo em movimento.

Quando você deseja muito uma coisa, as engrenagens do Universo começam a girar para que isso aconteça em sua vida. Os resultados, no entanto, podem chegar rápido ou devagar. Eu lhe mostrarei qual é a diferença entre essas duas formas.

Escrevi anteriormente que eu não sabia, na época, que o resultado daquele desejo de mudar minha vida se desdobraria em uma série de eventos, os quais me levariam a este exato momento em que escrevo este livro. No entanto, desde que me aprofundei nos estudos sobre a Lei da Atração e a psicologia do estabelecimento de metas, encontrei uma maneira de obter resultados mais rapidamente.

Deixe-me compartilhar a evolução de meus desejos:

1 Sentei no banco do carro, chorei como um bebê e desejei ganhar dinheiro para poder ficar em casa. Queria ganhar 500 libras. (Sim, não era nada ambiciosa naquela época!)

2 Algumas semanas depois, recebi um e-mail com o assunto: "Deseja ganhar 500 libras extras por mês?" Essa foi uma das primeiras vezes em que percebi que essa coisa de Lei da Atração pode realmente fazer algum sentido. Acabei aderindo a um programa que me ensinou a ganhar 20 libras aqui e ali, embora eu tenha percebido rapidamente que isso nunca me ajudaria a ter a vida com que eu sonhava, muito menos bancá-la.

3 Comecei um negócio de vestidos de noiva em minha casa. Convenci meu marido a transformar nosso quarto de hóspedes em uma boutique de vestidos de noiva e encomendei uma variedade de vestidos vindos da China. Logo percebi que a maioria das pessoas com quem eu conversava não fazia ideia do que estava solicitando e acabei ficando com uma coleção um tanto questionável de vestidos de noiva que não se pareciam em nada com as fotos que eu havia visto. (Se você está procurando um vestido de noiva meio branco, um pouco arranhado e picotado, ainda tenho um guardado em meu sótão.) Aprendi bem rapidamente que esse não seria o negócio de meus sonhos e o deixei para trás.

MENTALIZE, CONSIGA! #OTIMISMO

4   Tive que levantar minha bunda arrependida do sofá e voltar para um trabalho que odiava e para um chefe que, francamente, me tratava como uma merda. *É a vida.* Eu precisava do dinheiro.

5   Por acaso, vi um livro na estante de minha mãe que me senti obrigada a ler. Foi assim que descobri o coaching, e me lembro claramente de minha Alma se comunicando comigo, ao sentir arrepios por todo corpo. Tive uma sensação de agitação dentro de mim, que é chamada por aí de "instinto". Falaremos mais sobre isso mais tarde.

6   Após ter me inscrito em um curso na universidade para me tornar coach, engravidei de minha segunda filha. Enquanto estudava para obter meu certificado de pós-graduação em coaching, a preocupação com minha situação financeira me assolou novamente. Eu entraria em licença-maternidade e não queria passar mais nove meses tendo que fazer economia. Então, expus meu desejo ao Universo para encontrar uma solução.

7   Recebi outro e-mail, desta vez oferecendo conselhos sobre como criar um produto físico na Amazon Business.

8   Alimentei grandes expectativas quando algo dentro de mim disse: "Sim, sim, sim". Essa é parte integrante do processo sobre o qual falaremos com mais detalhes posteriormente.

9   Ganhei minhas primeiras seis cifras no negócio de venda de produtos pela Amazon durante minha segunda licença-maternidade, mas ainda não me sentia realizada. Então, segui meu instinto novamente, além das dicas que o universo me dava, para iniciar meu negócio de coaching. E o resto é história...

Como você pode ver, as coisas aconteceram — não da noite para o dia (na verdade, ao longo de dois anos), é claro, mas aconteceram. O Universo conspirou para me ajudar, dei atenção às "cutucadas" e alimentei expectativas quando foi preciso. Foi minha Alma que deu essas cutucadas, e comecei a confiar nela e a escutá-la, apesar de meu Ego lutar contra isso a todo momento. Enquanto isso, também me concentrei em me tornar a melhor versão de mim mesma, pois estava começando a entender que a melhor versão de mim mesma poderia conseguir qualquer coisa. E foi assim que iniciei minha jornada espiritual... e me tornei uma publicitária empenhada em defesa do Universo.

As regras para estabelecer metas

Não pense, registre

Você precisa escolher uma meta principal para cada uma das oito áreas da vida (veja as tarefas de TUAP! ao final deste capítulo). Tome uma decisão. Pense no que realmente deseja e, depois, *anote em algum lugar*. Metas escritas têm muito mais força do que aquelas ditas ao vento. Elas se tornam algo concreto e físico. Diversos estudos mostram que as pessoas que escrevem seus objetivos têm dez vezes mais chances de alcançá-los. E o Universo não se importa se você está escrevendo em um diário encadernado em couro, com uma caneta de prata, ou em um lenço de papel, com giz de cera. A escrita é parte do processo e ajuda a cristalizar seus desejos; ela se transforma em um objeto físico que lhe dá algo em que se concentrar.

A honestidade é sempre a melhor escolha

Você também precisa ser totalmente honesta consigo mesma em relação ao que deseja. Se sua energia não estiver alinhada com o Universo, ela estará espalhada por todos os lugares. Seus desejos lhe foram entregues por uma razão — porque foram feitos para você. Leia isso novamente. Se você tem um desejo, ele *foi feito* para você. Se você está escrevendo que deseja ganhar mil libras, mas quer, de fato, receber um milhão de libras, seja honesta. O Universo sabe quais são seus desejos mais profundos, então você pode muito bem ser honesta no papel e ter grandes sonhos, querida.

MENTALIZE, CONSIGA! #OTIMISMO

Precisa parecer real

Escreva objetivos que, embora pareçam desafiadores, podem ser alcançados. Se você acha que é completamente impossível, sua energia entrará em conflito, e você *nunca* chegará lá. Se você não acredita que conseguirá e que manifestará aquilo que deseja, então nem se dê ao trabalho. Simples assim. Você precisa saber que consegue e fará isso. Não se pode ter dúvidas quando se trata de envolver a energia do Universo. Você duvidaria que sua melhor amiga ficaria do seu lado, com uma caixa de chocolates e lenços de papel, se você terminasse com seu namorado atual? De maneira alguma. Minha melhor amiga sempre ficaria do meu lado. E o Universo também ficará.

Se eu tivesse estabelecido uma meta de ganhar 100 mil libras no primeiro mês em que abri minha empresa, não teria conseguido formular um plano sobre como alcançar essa meta, e sempre devemos nos comprometer com o Universo. Eu não estava preparada para alcançar o sucesso e, de fato, teria falhado. Ainda mal tinha um negócio. Quando estabelecemos metas que parecem muito longe de nosso alcance e não as atingimos, perdemos a confiança; e a falta de confiança nos faz questionar nossa competência. Eu sabia que era possível ganhar seis dígitos em um mês, pois tinha visto outras pessoas conseguirem isso, mas não acreditava que fosse possível para mim... ainda.

Então, comecei estabelecendo metas que me deixavam empolgada, mas que pareciam ser viáveis, e trabalhei arduamente para alcançá-las. Bolei um plano e recebi minhas primeiras 100 mil libras por mês no décimo mês. Eu tinha um plano, e o Universo fez sua mágica e me ajudou a realizar algo realmente impressionante. Adoro como ele faz isso e quero que saiba que ele fará o mesmo por você.

No entanto, lembre-se disto: você deve formular um plano para fazer isso acontecer. Um desejo somente será concretizado se você colocar toda sua energia e atenção nele e, depois, permitir que o Universo faça sua mágica para que isso aconteça para você. Infelizmente, sentar a bunda no sofá e ficar comendo bolachas e assistindo a *Game of Thrones* não a ajudará a alcançar seus objetivos, mas um plano de ação claro para iniciar o próprio negócio, perder peso ou encontrar o parceiro ideal, sim.

Seja específica e fale no presente

O Universo adora detalhes interessantes. Ser específica permite que sua atenção esteja superfocada. Se você quer um carro, pense no modelo e na marca. Se quer um namorado, pense em como ele é. Um dos motivos por que afastamos o sucesso de nós mesmos é a recusa em definirmos exatamente o que e quando queremos determinada coisa, pois assim não parece tão assustador. E, se fracassarmos, podemos continuar sonhando, ou podemos dizer para nós mesmos: "Deixa para o próximo ano".

Então, volte e verifique se você determinou uma data para seus objetivos. Dê um prazo para cada meta, mas não se martirize se não conseguir cumpri-los. Eles não estão sendo tatuados em você, e você também não sofrerá uma penalidade se perder um prazo — eles apenas a ajudam a focar. Eu havia definido um prazo para a meta de conseguir um contrato para um livro até dezembro de 2017. Isso não aconteceu. Desisti ou me repreendi por isso? De jeito nenhum. Confiei que o Universo tivesse um plano mais significativo para mim e alterei a data, outro ponto em que focar minha energia, com plena confiança de que, um dia, este livro chegaria até suas mãos. E adivinha? Chegou.

Metas estabelecidas no futuro criam uma lacuna mental para o cérebro chamada de tensão estrutural. Quando você declara coisas no presente, essa lacuna é preenchida e permite que você acredite que é possível. E acreditar que é possível é exatamente a energia de que você precisa para manifestar o que deseja.

Portanto, liste seus objetivos como se eles já tivessem acontecido:

- "Ganho 250 mil libras por ano."
- "Tenho o namorado mais incrível, que me dá rosas todo fim de semana."

- "Peso 57kg."

- "Estou no *Guinness World Records* por comer a maior quantidade de donuts em um minuto."

Não importa quais sejam seus objetivos, apenas os declare como se já tivessem acontecido.

Engenharia reversa

É nesse ponto que você começará a planejar como atingir seus objetivos. Então é nesse momento que a psicologia e a espiritualidade entram em um leve conflito e no qual vou ajudá-la a entender de vez tudo isso.

A psicologia pura faria com que você estabelecesse objetivos específicos, mensuráveis e completamente planejados. Ou seja, um passo a passo. O guru espiritual lhe diria para relaxar, confiar no Universo e se render a ele. Busco apoio em ambas as áreas, e foi o que eu lhe disse desde o início: há um ponto de equilíbrio entre a espiritualidade e a psicologia, e esse é o grande segredo para uma vida bem-sucedida.

Então, quero que você planeje, quero que sua atenção esteja focada em cada etapa e que tenha um resultado final em mente. A melhor forma de fazer isso é realizar a engenharia reversa de seu objetivo e elaborar cinco etapas necessárias para alcançá-lo. Mas não elabore mais do que cinco.

Depois quero que você se dedique a um processo que a levará até o resultado, para que não caia no mindset de focar a ausência de seu desejo. É nesse ponto que a fodona espiritualizada que existe em mim aparece e diz: "Siga o plano, mas saiba que, a qualquer momento, o Universo poderá aparecer e desviá-la um pouco do caminho, ou realizar seu desejo mais cedo do que o esperado".

Eu tinha uma cliente que queria manifestar US\$300 mil de lucro em seus negócios. Ela planejou muito, executou seu plano e não faturou os US\$300 mil nos negócios; no entanto, do nada, ela herdou US\$300 mil. Ou seja, obteve o mesmo resultado, mas por um caminho diferente do planejado inicialmente. Todavia, como sua energia estava focada no próprio plano, ela entrou no fluxo e estava se divertindo, não teve tempo para se preocupar com a origem dos US$300 mil. Ela apenas manteve a fé de que essa quantia de dinheiro estava por vir.

A palavra f*da-se

Quando você tiver certeza de seus objetivos, é preciso adicionar um ingrediente especial que seja essencial para seu sucesso. Deixe-me esclarecer isso para você: se olhar para a lista de metas que você escreveu e não acreditar que isso é possível, é porque está faltando um ingrediente essencial para "ticar" suas metas uma a uma. Como dizia o incrível e falecido George Michael: "Você precisa ter fé, fé, fé". Na atividade de TUAP!, vou solicitar que você divida cada objetivo em etapas e, depois, marque cada uma delas. Os objetivos parecem grandes e assustadores inicialmente, pois, em vez de olhar para a etapa seguinte, você acaba focando o todo, e seu cérebro não consegue assimilar isso. À medida que você avança em cada etapa, molda seu músculo de fé e adquire confiança para avançar para o estágio seguinte. Às vezes, a fé precisa funcionar como um pagamento adiantado.

Tenha fé em seu poder de manifestar o que quiser, e isso lhe será entregue. Você precisa acreditar em si mesma e no Universo. Precisa sentir que é seu e que você merece. Caso contrário, não entenderá. Tudo o que você precisa fazer é decidir, estabelecer uma intenção e elaborar um plano, além de manter a fé e a crença. Dê um passo de cada vez, mas permita que o Universo cuide do restante.

Verifique se todos os seus objetivos estão alinhados com seu ponto de vista e se a levarão ao resultado final esperado para sua vida. Fortalecer seu músculo da fé é fundamental. Se permanecer atenta, você receberá pequenos sinais do Universo, indicando que seu desejo está em andamento.

Anote tudo o que observar em sua vida e que estiver relacionado a seu objetivo. Chamo isso de lista de evidências, pois é uma prova de que o Universo está trabalhando para mim.

Divirta-se, garota!

Lembre-se de definir metas que você possa buscar se divertindo — é preciso anexar emoções positivas ao processo. Por quê? Porque, então, você terá certeza de que está sintonizada na Universo FM, e isso a ajudará a alcançar o resultado muito mais rapidamente. Quando você está se divertindo e focando sua intenção (seus desejos), o Universo orquestra um número infinito de eventos para materializá-los. Lembre-se de que ele sempre a protege, é seu melhor amigo! Intenção e atenção são duas características infalíveis quando se trata de manifestar seus desejos.

Mas há uma ressalva com que muitos "manifestantes" se enganam. Seu objetivo pode ser algo direcionado para o futuro, mas seu foco e sua energia devem permanecer no presente. Se você está sempre pensando na ausência daquilo que está tentando manifestar, sua energia muda e, de fato, você posterga seu desejo para mais tarde. É por isso que precisamos aprender a ter uma "superconsciência" a respeito do que queremos.

Espere o inesperado

Às vezes, o Universo oferece algo um pouco diferente do que você queria de início. Às vezes, você se pergunta por que o resultado foi diferente, mas deve confiar que, se seguir as etapas presentes neste livro, limpar sua energia e manter a vibração alta, o Universo lhe trará grandes surpresas. O resultado pode ser um pouco diferente, mas certamente será melhor do que aquilo que sua mente condicionada imaginava inicialmente.

Isso significa, ainda, que você precisa estar *aberta* à oportunidade e *desapegada* de seu resultado. Você ainda terá a intenção de seguir em uma direção específica (seu objetivo). No entanto, entre os pontos A e

B, existem infinitas possibilidades. Quando considera o elemento da incerteza, você aceita a realidade de que as coisas podem mudar de direção a qualquer momento, caso algo mais interessante apareça no caminho.

Portanto, ser específica permite que você mantenha o foco, mas não se esqueça de também permanecer flexível e confiante de que o Universo pode surpreendê-la com algo ainda mais incrível.

A HISTÓRIA DE EMMA

Emma está focando toda sua energia na criação de um negócio de sucesso e está ganhando mais dinheiro do que nunca. O problema é que ela não está conseguindo se divertir, pois seu marido está sempre discutindo com ela e reclamando que mal a vê. Em virtude disso, Emma desconta no chocolate e está ganhando peso. Agora, ela se olha no espelho e se sente um lixo. Sempre que suas amigas a chamam para sair, ela dá uma desculpa, pois se acha gorda em todas as roupas que veste. Como fica presa em casa, ela se sente frustrada e desconta nos filhos.

Há oito áreas na vida que você deve focar para obter sucesso na vida de forma equilibrada. Muitas pessoas depositam toda sua energia para melhorarem apenas uma área da vida e negligenciam as outras. É por isso que acredito, sinceramente, que muitas delas se sentem insatisfeitas.

Quando foquei e me comprometi em melhorar minha vida de maneira geral, a verdadeira magia começou a acontecer. Eu estava tão ocupada e envolvida na criação de uma melhor versão de mim que parei me preocupar ou de me comparar com as pessoas ao meu redor.

A HISTÓRIA DE HARRY

Harry foi promovido no trabalho, mas passou a viajar muito, e seus hábitos alimentares e sua saúde ficaram em segundo plano. Ele costumava ser voluntário na igreja do bairro em que mora, algo que o deixava feliz, mas, agora, ele fica tão cansado que tudo o que quer fazer no fim de semana é se jogar no sofá e assistir à Netflix. Harry estava querendo arrumar uma namorada há anos, mas seu nível de energia está baixo por causa dos maus hábitos alimentares, e sua vida social está sendo prejudicada.

A HISTÓRIA DE CLAIRE

Claire é totalmente extrovertida. Ela gosta de festejar e tem muitos amigos, mas se sente perdida no que se refere à carreira. Ela passa a maior parte do tempo de ressaca e vai para o trabalho no piloto automático, mas acaba gastando todo o dinheiro em roupas de grife para sair à noite. Ela gasta tudo o que ganha e, lá no fundo, tem vontade de largar o emprego para começar o próprio negócio, mas não sabe como fazer isso e está preocupada com o fato de que, se não conseguir ganhar dinheiro com isso, perderá sua vida social, que é a única coisa que a faz feliz (ou ela pensa que faz). Como gasta tudo o que tem, ela não consegue pagar uma academia, então não faz muito exercício físico.

Como você pôde perceber por meio dessas histórias, todas as áreas de nossa vida estão intrinsecamente ligadas e têm impacto uma sobre a outra. É por isso que, para ser verdadeiramente feliz o tempo todo, precisamos estabelecer metas duras em todas as áreas de nossa vida e nos comprometer com um crescimento equilibrado.

Pronta para os próximos passos, querida?

Assim que tiver uma ideia clara dos objetivos que quer definir para cada área de sua vida, você também terá clareza da direção a tomar e saberá o que deseja — que é o impulso de que precisa para tomar uma atitude.

- Execute o plano que você traçou.
- Tome uma atitude e *confie* que o Universo cuidará dos detalhes.

Lembre-se de que o Universo lhe entrega o solo e a semente (energia e informação), porém cabe a você realizar a tarefa diária de trabalhar no campo (atenção), bem como manter a fé (intenção) de que um dia a

TOME UMA ATITUDE, PORRA!

semente crescerá e se transformará naquele tomate vermelho suculento e maduro (a manifestação de seus desejos). Confie que, se as coisas não acontecerem do seu jeito, há uma razão para isso, e ela vai além de seu entendimento. Há sempre um tempo e um lugar para canalizar seu conflito interior e apenas "deixar para trás".

Faça exatamente o que você faria se seus desejos estivessem se manifestando hoje e tome atitudes na vida que reflitam essa enorme expectativa e esse desejo. Você precisa abrir espaço para que seus desejos entrem e entender que a expectativa é uma força verdadeiramente poderosa. Vamos nos aprofundar nesse assunto de forma detalhada mais tarde.

OS PRINCIPAIS APRENDIZADOS

- Para obter sucesso na vida, você precisa saber em que direção está indo.

- Mesmo que você não enxergue o caminho *exato*, ao menos saiba como quer se sentir. Tenha clareza sobre a vida que considera ideal e sobre como ela se parece.

- Anote seus objetivos para todas as oito áreas de sua vida em um papel. Quando você estiver focada em se tornar a melhor versão de si mesma, conseguir o que quer será um milhão de vezes mais fácil. Lembre-se de que, se não estiver escrito em um papel, é apenas uma fantasia.

- Planeje, planeje, planeje. Ainda assim, aceite o fato de que o plano pode ter que mudar.

- Implemente uma rotina diária para definir seus objetivos. É aí que a mágica acontece.

TUAP!

Equilibre essas metas fodas

Existem oito áreas na vida para as quais você deve estabelecer metas. Quando você se concentra em todas essas áreas e estabelece metas para elas ao longo do ano, traz harmonia para sua vida como um todo. Se você conseguisse melhorar em todas essas áreas, mesmo que aos poucos, mês a mês, até o final de um ano, haveria uma mudança drástica em sua vida.

As áreas são:

- Espiritual (sua conexão com o Universo/Deus... o que quer que seja e quem quer que seja).
- Emocional (seu relacionamento com seus parentes mais próximos: filhos, parceiro, família).
- Física (sua saúde física).
- Mental (seu aprendizado e desenvolvimento mental).
- Social (suas amizades e a comunidade).
- Beneficente (como você se doa aos outros).
- Vocacional (com que trabalha).
- Financeira (seu relacionamento com o dinheiro e a forma como constrói sua riqueza).

Defina metas de 12 meses para cada uma das áreas. Em seguida, faça uma engenharia reversa e divida-as em *não mais do que cinco* etapas principais. Você pode ter diversas metas, mas tente não pensar em mais de três para cada área, caso contrário não conseguirá controlar. A razão pela qual devemos focar todas as áreas da vida é para manter o equilíbrio.

Embora a vida seja realmente incrível mesmo tendo alcançado sucesso em uma ou duas áreas da vida, pense em como seria mais incrível ainda se você melhorasse em todas as áreas citadas anteriormente. Como seria olhar para trás após um ano e descobrir que sua saúde, seu dinheiro, seus relacionamentos e seu trabalho melhoraram: seria *épico*, não é?!

Faça o *download* de uma versão estendida desse exercício de definição de metas em: www.altabooks.com.br.

4

Adeus, Mania de Comparação

Envolva-se completamente na construção do próprio sucesso; então, você nem sequer se importará com o que os outros estão fazendo.

Estou empolgada por você ter dedicado um tempo para, de fato, analisar quais são seus grandes objetivos na vida e o que pensa sobre seu futuro. Agora, você precisa fazer isso acontecer de verdade. Para atingir objetivos grandes, assustadores e desafiadores, você precisa estar totalmente ciente de onde veio, o que está guiando sua vida e o que está te impedindo. Chegou o momento de agir e criar sua melhor versão espiritual, emocional e mental, para que você possa seguir em frente com tudo.

Certa vez uma senhora maravilhosa veio trabalhar comigo. Ela me disse que eu representava tudo aquilo em que ela não acreditava, porém também disse que, depois de 43 anos fazendo as coisas "de seu jeito" e sem realmente se satisfazer como ela sempre desejou, era hora de mudar. É preciso coragem para admitir que sua vida não é aquela imagem bonita e perfeita que você tentou retratar nas mídias sociais forçadamente, e mais coragem ainda para decidir mudar isso.

Entendi a situação dela porque, alguns anos antes, esse era exatamente o ponto em que eu estava, e foi a jornada da consciência que desencadeou minha mudança e me ajudou a me recompor. Suponho que você esteja totalmente descrente da vida e do que ela tem a oferecer e continua olhando para as imagens das pessoas no *feed* no Instagram — aquelas com filtros perfeitos —, se perguntando como elas conseguiram ter tudo na vida. Pode ser que você passe horas pensando por que está ganhando tão pouco no trabalho, ou pulando de um relacionamento infeliz para outro, ou sempre lutando contra a balança quando todos nas redes sociais parecem estar ocupados fazendo exatamente o oposto e compartilhando *#selfies* para todos verem. Se você faz uma dessas coisas, ou todas elas, eu escuto, considero e compreendo o que você está falando.

A intriga da comparação

Quero lhe contar uma coisa que percebi: não acho que foi a curiosidade que matou o gato. Vou contar a verdadeira história. Um dia, nasceu a gata mais bonita do mundo. Feliz, despreocupada e cheia de alegria, ela estava destinada a ser uma gata fodona. Então, um dia, ela começou a olhar para os outros gatos: eles tinham pelagem de cores diferentes, alguns eram mais ágeis em perseguir ratos e outros estavam ganhando mais atenção de seus donos. Foi então que algo aconteceu, o momento que mudaria o destino daquela gata para sempre, a primeira vez em que ela se perguntou: "O que há de errado comigo?" Ela carregou o fardo de não ser igual aos outros gatos, o que a levou a ter depressão felina, até que ela se cansou de tentar viver a vida perfeita que todos os outros gatos pareciam ter e desistiu. Conseguiu perceber, querida? Não foi a curiosidade que matou a gata, mas a mania de comparação.

Quero que você pense em todas as vezes em que tentou progredir na vida, ser melhor do que os outros, chamar mais atenção, obter as melhores notas, se formar na melhor universidade, trabalhar para a maior empresa, dirigir o carro da moda, comprar a maior casa ou ser a mulher mais amada do mundo.

Com quem você estava competindo? Quem estava definindo suas expectativas? Em que momento de sua vida você diz: "Ela é melhor do que eu", ou "Como ela subiu de cargo tão rapidamente?", ou "Por que ela é muito mais bonita e magra do que eu?" Talvez você se pegue comparando seu casamento, seus filhos, seu trabalho ou seu corpo com o de outras mulheres. Em que área da vida você está falhando para se envolver tanto no sucesso das outras pessoas e deixar de notar as oportunidades de crescimento pessoal que a vida está lhe proporcionando?

Parece loucura viver de acordo com as expectativas de outras pessoas, mas é exatamente isso que estamos condicionados a fazer desde o momento em que passamos pelo canal do parto ao som de respirações suaves — ou, no caso de minhas duas primeiras filhas, sob uma avalanche de palavrões. (Estava muito de boa quando dei à luz minha terceira filha, em cima de meu sofá, mas essa é outra história.)

Quando somos bebês, não nos preocupamos em ficar olhando para outros bebês e pensando: "Ah, que merda, esse carinha começou a andar — sou um fracasso total e absoluto". Esses parâmetros imaginários que inconscientemente usamos para nos compararmos aos outros são, na verdade, impostos, à medida que crescemos, por nossos pais, professores e pela sociedade em geral. Na escola, existe uma corrida para ver quem é o mais inteligente, o mais esportivo ou quem fará o papel principal na peça de teatro do final de ano. À medida que envelhecemos, a competição passa a acontecer no trabalho; nos perguntamos quem será o favorito do chefe, quem receberá a promoção e quem beijará a nova gata do escritório na festa de Natal.

Inconscientemente, somos lançados à esteira da comparação da vida, e isso faz com que fiquemos dando voltas, até nos sentirmos tontos e com a sensação constante de que não somos bons o suficiente, ou comparando a situação em que nos encontramos com aquela em que gostaríamos de estar. Isso nos dá a sensação de que nunca chegaremos a esse destino ilusório, em que tudo é "simplesmente perfeito". Esse sentimento deixa sua energia em um estado de pânico que não é nada propício para o sucesso ou a manifestação. A verdade é que, em todas as áreas de nossas vidas há brechas para nos sentirmos fracassados. E, quando isso começa a se acumular com o tempo, acabamos criando um sistema de crenças totalmente falso, mas profundamente enraizado, a respeito de quem somos e que determina como viveremos no futuro. Por isso, no capítulo anterior, eu lhe pedi que focasse o que realmente quer para sua vida, e não aquilo que você *acha* que quer, apenas porque todas as outras pessoas também têm.

No inverno de 2005, eu estava saindo para ir a uma festa em um dormitório estudantil com minhas melhores amigas; mais uma noite de bagunça regada a muito álcool. No entanto, enquanto eu olhava para elas, todas em seus lindos vestidos tamanho 38, colados ao corpo e com caimento perfeito, com a pele perfeitamente linda e carregada de maquiagem, um sentimento familiar tomou conta de mim. Em seguida, analisei meu corpo cheio de curvas e a camada de base de 5cm de espessura que apliquei com muito cuidado no rosto, a fim de cobrir as manchas novas que apareceram em minha pele; então senti raiva, inveja e tristeza. Eu me sentia gorda e nada atraente, e isso não era justo. Lembro-me claramente de me jogar no chão, me afogar em lágrimas e me sentir fisicamente doente; mesmo assim, eu me desprezava por ter uma vida tão bagunçada. O problema era que eu não estava acima do peso, mas, em *comparação* com minhas amigas, me sentia enorme!

Quando você vive a vida dessa forma, em vez de sucesso, você se prepara para colher fracasso, pois, se está sempre reparando em como os outros estão se saindo melhor, melhor e melhor, então sempre pensará que essa é a realidade que você merece. Na psicologia, chamamos isso de viés de confirmação. E para os que sofrem de baixa autoestima, saiba que toda vez que fazemos comparações, estamos carregando o Ego irritante com mais munição e vibrando energia negativa, até que ela nos envolva em uma espiral de depressão que nos deixa cada vez mais para baixo. O que não percebi naquela época, em meus 20 e poucos anos, é que tinha a opção de mudar tudo o que não gostava em mim, mas fiquei tão absorta em meu sentimento de vítima que não consegui enxergar uma possibilidade ou oportunidade de crescimento pessoal. Em vez disso, apenas me concentrei em afogar as mágoas em doses de tequila barata, que vomitaria na manhã seguinte. Muito sexy!

Sob uma perspectiva psicológica, considera-se que fazer comparações é uma forma de avaliar a si mesma, o que, por sua vez, permite que o cérebro desenvolva uma compreensão de quem somos e em que somos bons e péssimos. Isso ocorre tanto de forma consciente como inconsciente. Além disso, o aumento do número de mídias sociais no mundo é absurdo, e elas apenas servem para dar mais munição à mania de comparação. A mídia social aumentou muito o número de informações disponíveis a respeito das pessoas a que estamos conectadas e obriga nossa mente a acompanhá--las o tempo todo: na ida ao trabalho, quando vamos fazer xixi ou quando estamos deitadas na cama às 2 horas da madrugada. Agora, em vez de nos compararmos apenas com nossas melhores amigas, podemos nos comparar com pessoas do mundo inteiro, e é muito fácil enxergar o contraste entre a realidade de nosso dia a dia e os fragmentos do cotidiano de outras pessoas, retocados no Photoshop e com filtros sépia.

O problema é que, por sermos seres humanos, antes de decidir como vamos nos sentir por dentro, olhamos em volta, para nosso exterior, para ver o que está acontecendo. Quero que você tome consciência disso e comece a mudar, pois isso a libertará da possibilidade de se comparar com outras pessoas, algo que tem atrapalhado sua rotina e a impedido de viver a vida com a qual sonha. Quando você fica rolando o *feed* de notícias em uma rede social, está sujeita a ver uma enxurrada de imagens que servirão apenas como um lembrete de algo que você ainda não alcançou. Isso traz mais negatividade para seus pensamentos. Amplifica medos, pressões e inseguranças, pois destaca as "conquistas" da vida de outras pessoas.

Se você está sempre se comparando com os outros, como pode saber o que realmente quer ou ser verdadeiramente feliz com aquilo que já conquistou? Se permanecer eternamente acompanhando os Jones, os Smiths e os Kardashians, você deixará de explorar seu poder de encontrar seu verdadeiro objetivo e de viver uma vida que a faz feliz. Além disso, se você está obcecada pelo que as outras pessoas têm, pode ser condicionada a pensar que é exatamente *isso* que deseja para si.

Então, como seria encarar a outra forma de viver?

Que tal desviar o olhar do mundo exterior e começar a olhar para sua Alma? Ela está aí para guiá-la a cada passo do caminho em direção ao exato destino que você se propôs a alcançar. No entanto, para ouvi-la, é necessário silenciar o ruído. Não seria absolutamente libertador ser capaz de ignorar os sucessos ou os fracassos das outras pessoas e focar 100% em você? Em aprender mais, amar mais e se transformar na versão mais épica de si mesma?

Como seria ter controle total sobre sua vida e focar em se tornar a melhor versão de si mesma, poderosa, em vez de uma melhor versão de si mesma em comparação com as outras pessoas à sua volta? Quando você faz isso, explora todo seu potencial puro, presente em seu núcleo, mas que ainda não está sendo usado. Direcionar o foco a todas as outras pessoas à sua volta esgota sua energia, deixando-a infeliz e sem esperança. Quando você fica obcecada por seu crescimento pessoal, em vez de seu crescimento pessoal em relação aos outros, você desbloqueia sua vida para que a magia comece a acontecer, e seu poder de se conectar com o Universo é liberado. Torne-se a pessoa que está tão envolvida em alcançar o próprio sucesso que nem se importa com o que os outros estão fazendo.

É claro que se comparar com os outros é o *modus operandi* da mente humana e, de certa forma, pode ser realmente útil, se conseguirmos controlar nossos pensamentos. Inspirar-se nas realizações de outras pessoas pode levá-la a querer melhorar a própria vida. Quando vejo alguém exibindo uma bunda durinha na academia, fico mais motivada para fazer exercícios e conseguir o mesmo resultado. Como seria se inspirar no sucesso de outras pessoas e saber que, se elas conseguiram, você também pode conseguir?

Escolhi, de forma consciente, me manter totalmente atenta com relação a meus sentimentos ao me comparar com os outros. Quando senti aquele diabinho de olhos verdes aparecendo sobre meu ombro, usei esse sentimento para me tornar uma pessoa melhor. Percebi que, se olhasse para algo e sentisse inveja, isso significava que eu desejava aquilo. O que quer que fosse: a foto de abdominais chapados, de uma Piña Colada na praia ou de um casal feliz. Apenas aceitei o fato de que eu desejava essas coisas e me propus a alcançá-las. Acredito de verdade que, se um desejo cresce dentro de nós, é para ele ser nosso. Use a inveja como um catalisador para seu crescimento pessoal.

Está na hora de apertar o placar.

As redes sociais podem despertar sentimentos de inadequação, porém há algumas maneiras bastante óbvias de se livrar desse sentimento. Você pode simplesmente cortar tudo (sim, é isso mesmo), excluir alguns aplicativos ou, até mesmo, desativar suas contas, para embarcar em sua jornada de autodescoberta e grandiosidade. Você pode cortar sem piedade alguns amigos de sua lista e se livrar daqueles que despertam sentimentos negativos em você, enquanto trabalha sua mente, até alcançar um nível em que você simplesmente não se importa mais.

Por fim, a maior proteção contra a temida mania de comparação — e a melhor maneira de se livrar dela — é desenvolver e manter uma versão equilibrada de si mesma. Isso significa focar a criação de sua identidade e sua autoestima, conviver com um grupo seleto de pessoas que a conhecem de verdade e permanecer alinhada a suas crenças e seus valores. Basicamente, ser dona da merda de sua vida e ter orgulho da pessoa que você é na vida real, e não da pessoa que você exibe no Instagram.

A clínica para curar a mania de comparação

Os australianos são um povo bastante engenhoso. Recentemente, em uma viagem a Sydney, descobri que eles têm clínicas para curar a ressaca. Você sente vontade de morrer após ter ingerido uma mistura de bebidas alcoólicas e seu cérebro ter sido transformado em geleia. Então, eles lhe dão uma medicação na veia e, 30 minutos depois — pronto —, você sai de lá uma nova pessoa. Bem, quero que você saiba que chegou o momento de inserir a medicação em sua veia, para desintoxicar sua mente de sua mania de comparação.

O primeiro passo para manifestar tudo o que você deseja em sua vida é *se desfazer* da crença de que está em qualquer tipo de competição com o mundo exterior. Em vez disso, comece a olhar para dentro de sua Alma e siga as dicas que ela lhe oferece. Quando você procura obter validação, aceitação ou recompensa de outras pessoas, está cedendo poder a elas. Tome o poder para si ao decidir que, *a partir de hoje*, você será a dona de sua jornada e de sua vida; faça a escolha sincera de definir as próprias expectativas, em vez de corresponder àquelas que lhe foram impostas durante toda sua vida até este momento. Tome a decisão corajosa de não sentir mais dor ao ver o crescimento de outra pessoa e compará-lo com o seu.

Assim que começar a fazer isso, todos os sentimentos de inveja, medo, ansiedade e raiva começarão a se dissipar. Você se voltará para você e sua jornada interior. Começará a se alinhar com o Universo e atrairá pessoas que estão passando pelas mesmas experiências; por isso, passará a comemorar e a se inspirar no sucesso de outras pessoas. À medida que você muda sua forma de pensar e de se sentir, tudo à sua volta muda. Na medida em que se transformar em uma versão melhor de si mesma, começará a manifestar coisas incríveis!

Quero que você decida que seus sucessos e fracassos são apenas aprendizado e que não refletem seu valor. Decida que você não é mais definida por aquilo que possui e pelo que alcançou, mas *por quem você é por dentro* — um ser humano incrível com todo o potencial para fazer o que quiser. Saiba que, enquanto busca melhorar todos os dias em todas as áreas de sua vida, está exatamente onde precisa estar. Se você não fez a atividade do TUAP! do Capítulo 3, volte e faça agora. Ela a ajudará a estabelecer as bases para que se concentre totalmente em sua vida.

Uma maneira incrível de ajudá-la a acabar aos poucos com sua mania de comparação é anotar suas conquistas diárias e agradecer profundamente pelo momento atual em que se encontra e pelo que há de bom em sua vida. Pessoas felizes fazem isso como uma avaliação interna, e quero que você comece a fazer também. Em vez de se comparar com os outros, comece a se comparar com as versões anteriores de si mesma. Analisar a situação de que partiu, fazendo uma comparação entre seu (e apenas seu) antes e depois, é muito mais empoderador.

OS PRINCIPAIS APRENDIZADOS

- A comparação matou o gato, não a curiosidade.
- Quando você está focada no sucesso de todos à sua volta, deixa de enxergar as oportunidades para seu crescimento pessoal.
- Em vez de procurar obter validação de outras pessoas, olhe para dentro de si.
- Se vasculhar as redes sociais a leva a ter mania de comparação, pare de acessá-las.
- Sua jornada é somente sua — apenas procure ser uma melhor versão do que sua versão de ontem.

TUAP!

Foda-se o fracasso

Essa tarefa servirá para descobrir quem está estabelecendo seus critérios e por que você está sofrendo com a mania de comparação.

Pare um momento e reflita sobre todas as áreas da vida em que você sente que "falhou", ou nas quais podia estar se saindo melhor.

- Você poderia ou deveria estar mais magra?
- Você poderia ou deveria ter mais amor em sua vida?
- Suas finanças poderiam ou deveriam estar melhores do que estão?
- Você poderia ou deveria ter amizades melhores em sua vida?
- Seu negócio poderia ou deveria estar dando mais resultados?
- Você poderia ou deveria estar atuando de uma maneira melhor neste mundo?

Entre essas perguntas, anote em um pedaço de papel as três principais falhas que você percebeu.

Agora você tem uma lista com as três coisas em que julga ter falhado.

Em seguida, quero que você pare e reflita: em que parâmetros você falhou? Vá mais fundo e entenda, de fato, quem ou o que tem comandado sua vida até agora.

- São revistas e programas de televisão?
- São seus pais ou irmãos?
- São suas amigas?

Que pistas realmente a levaram à conclusão de que o momento da vida em que você se encontra agora é um sinal de fracasso, e não simplesmente o lugar em que precisa estar para, então, avançar para a próxima fase?

Quem decidiu que seu estado atual de progresso é um fracasso?

Agora, olhe para o passado e relembre de onde você veio:

- Onde você começou?
- Como você se tornou o incrível ser humano que é hoje?

Pense nas oportunidades de crescimento que o fracasso lhe proporcionou e nos benefícios futuros que esse crescimento trará para sua vida.

Faça deste seu novo mantra:

Estou exatamente onde preciso estar e sei exatamente em que direção seguir.

Esta é minha jornada e eu a amarei com todas as minhas forças.

5

Dê uma Vaia para as Mentiras

Para progredir na vida de forma corajosa, você precisa descobrir que pensamentos a estão impedindo de realizar isso.

DÊ UMA VAIA PARA AS MENTIRAS

Vamos brincar de esconde-esconde. Mas, nesta versão, precisamos encontrar as histórias que você tem contado a si mesma repetidas vezes (consciente e inconscientemente) e que a impedem de realmente ir atrás de seus objetivos. Se você está tentando mudar algum aspecto de sua vida e, por algum motivo, tem dificuldade para realizar essa mudança, deve haver uma narrativa interna que a está atrapalhando.

Assim como uma maldita erva daninha que toma conta de seu jardim, impedindo-o de ser verde e repleto de flores, suas crenças limitantes devem ser desenterradas, e você precisa prestar atenção a quaisquer histórias que não estão sendo úteis em sua vida e que podem estar atrapalhando o cumprimento de suas metas. Então, como em meu jogo de cartas favorito, grite "MENTIRA!" para todas elas. Não mentira para o que está acontecendo, mas mentira para aquilo que ainda a impede de ser poderosa. Estou ouvindo um aleluia?

Quando você descobre o que está oculto por baixo de seus pensamentos conscientes e quando compreende o sentimento de vergonha, culpa e ressentimento (e assim por diante) não processados, você se abre para um futuro inspirador. Histórias antigas, que começaram a se formar na infância e que não a ajudam a alcançar o sucesso, servem apenas para criar resistência e não a ajudam a alcançar o que deseja.

Mesmo que você tenha plena consciência de que realmente quer algo, logo abaixo da superfície desse desejo, provavelmente existem crenças e emoções que entram em conflito com seus sonhos. Para progredir na vida de forma corajosa, você precisa descobrir que pensamentos a estão impedindo de realizá-los. Você precisa agarrar uma pá bem grande e poderosa e começar a "cavar". Respire fundo: vamos nos aprofundar bastante nesses pensamentos.

A verdade é que os únicos obstáculos entre você e a vida que deseja são os seus pensamentos. Até este momento de sua vida, você foi "formada automaticamente", e a programação automática que a formou provavelmente não estava configurada para criar a melhor versão de você. Sua criação automatizada aconteceu sem você ter consciência disso, foi resultado do condicionamento, da modelagem e dos sentimentos que você anexou às experiências pelas quais passou. Seus pensamentos não lhe pertencem. Você pode pensá-los, mas isso somente ocorre porque seu cérebro está processando todos os dados e apresentando aquilo que considera relevante. Você é apenas a pessoa que pensa os pensamentos, mas os pensamentos não são você. No entanto, seus pensamentos determinam como você se sente, e os sentimentos fortalecem suas ações.

Os sentimentos têm prioridade sobre a lógica. Suas memórias e crenças a respeito de determinadas situações provocam sentimentos fortes que orientam todas as atitudes que você toma. Você precisa mudar o câmbio de sua vida de automático para manual e assumir o controle. Ao ter consciência sobre as histórias negativas que você inventou sobre si mesma e sobre como elas podem estar impedindo-a de ter a liberdade, você voltará para o banco do motorista de sua vida.

Usar a Lei da Atração não é suficiente?

Talvez você esteja se perguntando... se o Universo é tão poderoso quanto estou dizendo, certamente um pensamento positivo e um quadro de visualização são suficientes. A resposta é não. Se fosse sim, então eu não traria a psicologia para este livro também. Não adianta você ficar sentada o dia todo apenas fazendo afirmações, estabelecendo metas, passando horas minuciosamente cortando fotos de praias e de carros esportivos para colar no quadro de visualização, se as histórias que está contando a si mesma estão em *conflito* com seus desejos. Essa é a maneira certeira para ficar no limbo da manifestação.

Se você deseja manifestar o relacionamento de seus sonhos, mas, lá no fundo (no nível de identidade), criou uma história muito poderosa sobre não merecer amor (porque, por exemplo, nunca recebeu amor de seu pai quando criança), pode mentalizar e visualizar o quanto quiser, mas, de qualquer forma, terá dificuldade para encontrar seu Par Perfeito. Isso acontece porque, lá no fundo, você não acredita que é digna de receber amor e, inconscientemente, estará enviando essa energia para o Universo. Problemas com o pai são uma coisa real, pessoal!

Se você está tentando construir um negócio de um milhão de dólares e visualiza diversas notas de dólar, mas, mesmo assim, acredita, lá no fundo, na história de que ser rica fará de você uma idiota, então, inconscientemente, está sabotando sua meta para um negócio de sucesso. Nosso cérebro foi desenhado para nos manter em segurança e, como um dos maiores motivadores dos seres humanos é o amor e a segurança, qualquer coisa que possa comprometer essas duas coisas nos fará sabotar o próprio objetivo de vida.

Portanto, é muito importante que você entenda que a Lei da Atração capta as vibrações negativas que suas histórias passadas emanam, e elas *bloqueiam* o resultado positivo que você está tentando alcançar. Para desbloquear esses resultados, descubra quais são as histórias negativas em sua vida, mude a energia e comece a acreditar que você realmente pode conquistar o que deseja. Suas histórias e seus objetivos precisam estar alinhados. Entendeu?

Portanto, para garantir que nossa energia esteja totalmente alinhada com o Universo na cocriação de nossa vida dos sonhos, precisamos descobrir quais são essas histórias negativas. Assim que dermos uma vaia para essas mentiras, elas não conseguirão mais agir de forma tão poderosa em nosso subconsciente. Ter consciência das histórias negativas as enfraquece, o que permite que você aja com energia total e vibrante em direção a seus objetivos, sem ser surpreendida com histórias escondidas em seu subconsciente.

Hora de se tornar plenamente consciente

Há alguns passos que você precisa seguir para retirar as ervas daninhas de sua mente. Gosto de chamar isso de "escavação da Alma", um processo necessário para descobrir seu "eu" mais poderoso. Os passos são os seguintes:

1   Entenda quais são suas histórias.
2   Reconheça de onde elas vieram.

3   Chame elas de mentira.

4   Mude suas histórias negativas.

5   Crie uma nova identidade própria que corresponda às novas histórias que você criará.

Com o objetivo de explorar essas ideias, usarei o dinheiro e as crenças em torno dele — nossas "histórias sobre dinheiro" — como principal exemplo. Existem, também, histórias sobre o corpo, sobre os relacionamentos e a família, mas, no momento, vamos nos concentrar no dinheiro. Embora as pessoas digam por aí que dinheiro não traz felicidade, ele traz liberdade sim e, se usado da maneira correta, pode servir como um meio para alcançar a felicidade. Aposto que, quando você olha para sua lista de metas, percebe que, para realizar a maioria delas, é necessário ter dinheiro.

Por ter crescido em uma família religiosa, vi de perto como meu pai tinha crenças muito fortes a respeito de dinheiro. Ele sempre repetia histórias sobre doações para caridade e tinha uma opinião ainda mais forte com relação aos "ricos corruptos". Até hoje, ele acredita e fala que pessoas ricas são gananciosas. Sem perceber, comecei a acreditar nele.

Minha mente absorveu o que sempre ouvi e criou uma história de que ser rica me deixaria gananciosa. Como meu pai (que eu amo muito) odeia pessoas ricas e gananciosas, a história em minha cabeça me dizia que, se eu enriquecesse, meu pai me odiaria. Portanto, não ter dinheiro era, na verdade, uma opção mais segura para mim, pois eu continuaria sendo amada. Conforme expliquei anteriormente, somos seres humanos, e nosso maior motivador é o amor. Tudo o que queremos é ser amados e nos sentir seguros. Se algo comprometer isso, nós paramos. Para mim, ter dinheiro pode comprometer isso. Como você pôde perceber, nesse caso, ter dinheiro é ruim.

A HISTÓRIA DE JESSICA

Jessica viu o pai trabalhar 24 horas por dia, todos os dias da semana e, embora ele fosse bem-sucedido e rico, era infeliz. A história dela mostra que a riqueza está relacionada ao estresse; portanto, ela estava sempre falida, pois, para ela, ter dinheiro certamente não significava ter felicidade.

A HISTÓRIA DE EMMA

Emma viu a mãe trabalhar arduamente no próprio negócio enquanto ela e os irmãos ficavam aos cuidados de babás. Emma sempre quis ser mãe e, quando teve filhos, começou a ter dificuldades financeiras. Descobrimos que ela tinha uma crença enraizada de que, se alcançasse sucesso, negligenciaria a criação dos filhos. Então, ela estava sempre sem dinheiro, mas estava sendo uma boa mãe.

A HISTÓRIA DE AARON

Aaron conseguiu manter uma renda alta e estável e constatou que, à medida que se tornava mais bem-sucedido em seus negócios, se sentia obrigado a ajudar financeiramente os amigos e os familiares, pois sentia culpa por ter essa quantia de dinheiro. Ao nos aprofundarmos em sua história, principalmente com relação a dinheiro, ele percebeu que seu pai sempre havia feito exatamente a mesma coisa, uma vez que tinha vindo de uma família pobre e com valores familiares muito fortes, quando se tratava de apoiar financeiramente aqueles que amava. Aaron adotou essas crenças e começou a agir da mesma maneira, mesmo não tendo tomado essa decisão de forma consciente.

Como você pôde ver nesses exemplos, as histórias relacionadas a dinheiro são poderosas e também irracionais.

Você perceberá, ainda, que criamos essas histórias principalmente por meio de nossos queridos pais e das pessoas mais próximas de nós ao longo dos anos, e, na maioria das vezes, são criadas e incorporadas à nossa psique na infância. Todos temos alguma equação distorcida em nossa mente que nos impede de ficar ricos. Às vezes, é mais fácil acreditar que "ser rico" faria de nós pessoas más, então não nos esforçamos para iniciar um novo negócio que pudesse realmente nos satisfazer. Portanto, nossas histórias negativas servem para nos manter "seguros", mesmo que estejamos nos sentindo sufocados e distantes de nosso verdadeiro potencial.

A realidade é, no entanto, que o dinheiro é neutro. É apenas um tipo de energia, razão pela qual as pessoas se referem a ele como moeda. Em certo sentido, ele até mesmo nem existe. O papel que você segura nas mãos e que representa uma nota de 5, 10 ou 50 reais é apenas um valor que esse pedaço de papel representa. O papel em si é inútil. É o valor que lhe atribuímos que é importante. Quando você faz *logon* em uma plataforma online de um banco, está apenas olhando para os números em uma tela, mas eles têm o poder de induzi-la ao medo e à ansiedade ou, de forma inversa, à felicidade. As reações que temos em relação ao dinheiro são resultado do que pensamos e acreditamos que ele seja; por isso, é importante que você se aproxime e se familiarize com sua história relacionada a dinheiro.

Vamos começar a "cavar"

Eis uma tarefa para você. Quero que pegue uma caneta e vá até a seção de anotações ao final deste livro. Anote sua renda anual ideal. Depois, quero que você olhe para o papel, pegue sua caneta e adicione um zero ao final dela.

Fez isso?

Olhe para esse novo valor. Se eu lhe dissesse, agora, que você tem que ganhar esse valor *este* ano, o que faria? O que você sentiu e pensou ao olhar para esse número?

Escreva todas as respostas na mesma página. Qualquer coisa que quiser escrever, por mais estúpido ou pequeno que seja.

Agora, você tem à sua frente o conjunto de crenças que formou, e esse é um ótimo ponto de partida para desenterrar todas as suas histórias relacionadas a dinheiro. Elas estão impondo limites falsos para barrar seu potencial de ganhos; por isso, é hora de descobrir de onde essas crenças desagradáveis vieram.

Você precisa apontar o culpado

Não quero saber quem inventou o ditado que nos aconselha a não apontar o culpado, mas estou lhe dizendo isto agora: é hora de apontá-lo. Você precisa descobrir de onde vêm suas crenças e, metaforicamente, é claro, apontar para a pessoa que as passou para você. Isso porque essa história não *pertence a você*. Pertencia a outra pessoa e foi gentilmente entregue a você. Agora, está atrapalhando sua atividade de manifestação. Quanto antes você descobrir que essa história não estava dentro de sua mente quando você veio ao mundo, poderá começar o processo de deixá-la para trás.

Talvez você tenha anotado coisas deste tipo na tarefa anterior:

- "Não sou inteligente o suficiente para ganhar essa quantia de dinheiro."
- "Não tenho ideia de como ganhar essa quantia de dinheiro."
- "Não quero nem preciso desse dinheiro."

Avançando um passo: questione todos os motivos pelos quais você não conseguiria ganhar esse dinheiro com um zero a mais no final. Talvez pense que sua família a julgaria, ou que seus amigos esperariam que você lhes desse uma parte, ou você ficaria com medo dos impostos que pagaria a mais. É extremamente importante descobrir essas coisas, porque são essas histórias que, atualmente, estão definindo suas atitudes com relação a dinheiro. E as pessoas estão fracassando financeiramente pelo fato de acreditarem nessas histórias, quando têm potencial para serem realmente ricas.

Independentemente de estar relacionado a dinheiro, relacionamentos ou comida, nossas memórias mais antigas sempre dão algumas pistas sobre a origem das histórias negativas. Se minhas clientes me dizem que não são inteligentes o suficiente para ganharem dinheiro ou que não são bonitas o suficiente para serem amadas por alguém, sempre peço que tentem buscar alguma memória de sua infância, um pouco antes dos 12 anos de idade, quando tiveram esse mesmo sentimento. Geralmente, essa é uma ótima pista da origem dessas histórias irracionais.

Quero que você se lembre de quando era criança. O que você costumava ouvir sobre dinheiro? Seus pais lhe disseram que o dinheiro não cresce em árvores? Ou você ouvia a frase "Estamos confortáveis" o tempo todo? Ao reconhecer o tipo de falas que você ouvia dentro de casa em relação ao tema dinheiro, pode começar a entender por que acredita em determinadas coisas. Talvez você acreditou na história de que "pessoas ricas são más", assim como eu. (Falaremos mais sobre o poder da fala e sobre como usá-la no Capítulo 8.)

Eis uma lista de crenças negativas sobre ser rica que você pode ter:

- Ser rica é ser uma pessoa má.
- Pessoas ricas não têm amigos.
- Ter dinheiro fará de você uma pessoa estressada.
- Para ser rica, você deve sacrificar seu tempo com a família.
- Ter dinheiro significa pagar mais impostos.

Você entende o que eu quero dizer.

Erros relacionados a dinheiro que você cometeu

Outra atitude poderosa que você pode ter é reconhecer os erros passados que cometeu em relação a dinheiro. Talvez você tenha se endividado bastante no passado ou declarado falência. Talvez tenha entrado em uma disputa financeira com um parceiro ou perdido dinheiro em um investimento ruim. Talvez seja péssima em economizar ou gaste todo o dinheiro de forma irresponsável.

Essas experiências trazem uma energia negativa para sua vida e também a impedem de alcançar o sucesso financeiro que você merece. Enquanto você personificar sua falta de dinheiro, não ganhará nenhum.

Quando reconhece os erros que cometeu em relação a dinheiro e sua autocrítica cruel e impiedosa a esse respeito, você realmente consegue começar a seguir em frente.

Anote todas as coisas nas quais você comete erros quando se trata de dinheiro. Quaisquer experiências ruins que venham à mente, por maiores ou menores que sejam.

Sei que falamos mais especificamente sobre dinheiro neste capítulo, mas você pode seguir esse mesmo processo para descobrir suas histórias negativas ligadas a relacionamentos. Analisar a natureza do relacionamento de seus pais é um ótimo ponto de partida. Relembre, também, seus relacionamentos mais antigos.

Expire as mentiras

Eliminar seus bloqueios relacionados a dinheiro, ou quaisquer outros bloqueios e histórias negativas, pode ser uma experiência dolorosa e, sinceramente, muitas pessoas preferem continuar na mesma rotina de pagar contas e se esforçar sem realmente atingir todo seu potencial. Dinheiro é apenas energia e flui para quem quiser obtê-lo. Mas, para querer ganhar dinheiro de verdade, você precisa descobrir quais são suas crenças limitantes, conforme descrevi anteriormente.

Até agora, espero que você já tenha descoberto algumas de suas crenças limitantes relacionadas a dinheiro, reconhecido de onde elas vieram e que esteja pronta para tomar alguma atitude para invertê-las. Uma tarefa simples, porém eficaz, é anotar essas crenças em um pedaço de papel. Analise cada uma delas e escreva, a seu lado, o oposto delas, colocando a frase em primeira pessoa.

Por exemplo, se você acha que pessoas ricas são más, escreva: "Sou rica e generosa com todos". Se você acredita que iniciar um negócio próprio a deixaria estressada, escreva o oposto disso: "Estou construindo uma empresa de sucesso com facilidade e fluidez".

OS PRINCIPAIS APRENDIZADOS

- Logo abaixo da superfície de todo desejo, provavelmente existe uma história mentirosa que está entrando em conflito com esse desejo e, de forma subconsciente, a impede de realizar seu sonho.

- É você que pensa essas histórias, mas elas não pertencem a você. São apenas dados sendo produzidos por seu cérebro.

- Criamos crenças internas a respeito de dinheiro, relacionamentos e nosso corpo, todas adquiridas principalmente durante a infância.

- Você precisa estar ciente de suas crenças limitantes ao "cavar" fundo sua Alma. Isso enfraquecerá o domínio que elas exercem sobre você.

- Aponte o mensageiro e desapegue dessas histórias para conseguir seguir em frente e concretizar seus sonhos com entusiasmo.

TUAP!

Toque, toque, toque: a Técnica da Liberdade Emocional

Uma das formas mais poderosas de mudar seus sentimentos e suas crenças em torno do dinheiro com energia e força é por meio de uma técnica chamada *tapping*, também conhecida como Técnica de Liberdade Emocional (EFT, sigla em inglês). A EFT é definida e descrita como um procedimento clínico para o alívio do sofrimento psicológico e físico. É o processo de remover a carga emocional negativa de histórias negativas, para que elas não a afetem mais. A técnica *tapping* combina os benefícios do reprocessamento cognitivo da terapia de exposição e aceitação com as liberações de distúrbios energéticos associados à acupuntura e outras terapias energéticas.

A causa de todas nossas emoções e crenças negativas é um distúrbio no sistema energético de nosso corpo. O sistema energético é o mesmo sistema usado na acupuntura, a qual postula que existem caminhos em nosso corpo chamados de "meridianos de energia". Todas as nossas emoções negativas, como ansiedade, raiva, vergonha, culpa, mágoa etc. ocorrem devido a um distúrbio em um ou mais desses meridianos de energia. Esses distúrbios energéticos estão conectados às lembranças de eventos dolorosos. Quando ativamos uma lembrança, o distúrbio energético associado a ela é ativado, o que causa emoções negativas e, às vezes, até dolorosas.

A EFT trabalha ativando, intencional e poderosamente, um distúrbio energético enquanto você pensa em uma lembrança negativa ou apenas "sente suas emoções". Enquanto o distúrbio energético estiver ativado, toque com as pontas dos dedos os pontos do meridiano, a fim de eliminar esse distúrbio das áreas afetadas.

À medida que o distúrbio vai sendo eliminado por meio do toque, você sentirá que as emoções negativas começarão a desaparecer. Quando o distúrbio energético tiver sido completamente eliminado de seu corpo, suas emoções negativas terão desaparecido. Então, você poderá pensar na lembrança sem ter nenhuma reação emocional desagradável! Em seguida, você faz o *tapping* para novas afirmações e emoções positivas. É como arrancar as ervas daninhas e plantar girassóis!

Acesse www.altabooks.com.br, procure pelo título ou isbn deste livro e acesse o material complementar gratuito para que você possa usar essa técnica para ajudá-la a reprogramar sua mente para o sucesso.

Quando começamos a limpar as histórias antigas e as emoções negativas, podemos começar a criar uma nova identidade mais forte, mais feliz e mais determinada a sair por aí e realizar grandes sonhos. No Capítulo 6, vamos nos aprofundar na criação de uma nova identidade própria que a ajudará, de fato, a tornar sua vida mais abundante.

6

É Hora de Fazer um Facelift Energético

Quando você conseguir retirar as camadas, encontrará alguém verdadeiramente espetacular e que realmente acredita em si — alguém único, com talentos e um grande propósito neste planeta.

Passei minha infância inteira sonhando em ter uma cadeira com meu nome em um *set* de Hollywood ou em me apresentar na Broadway. O fato de eu não saber atuar ou cantar muito bem era um mero detalhe técnico, porém o mais preocupante era o ruído barulhento dos adultos em minha vida, repetindo que minhas ambições estavam totalmente fora da realidade e que eu sempre precisaria ter um plano B. Minha imaginação e minha capacidade de sonhar acordada foram suprimidas, e fui sendo moldada lentamente, para me transformar em uma garota que acreditava que esse tipo de coisa não era possível.

Vivi de acordo com as regras e fiz o que precisava fazer, mas, depois, me senti ainda mais confusa, pois nada parecia *certo*. Eu me sentia como uma peça redonda cercada por bilhões de buracos quadrados, tentando me encaixar em algum deles. Você reconhece esse sentimento? Eu pensava que havia algo errado comigo, porque todos ao meu redor pareciam estar conseguindo empregos em cargos extravagantes e com todas as características básicas de uma carreira de sucesso.

O que diabos eu deveria estar fazendo de minha vida? Ou, indo além, qual era o sentido de minha vida?

Quando nascemos nesse lugar mágico chamado mundo, como bebezinhos alegres, carregamos todo o potencial para ocuparmos o centro do palco em nossas vidas. Todos nascemos com a capacidade de fazer algo incrível e estamos no caminho certo para fazê-lo... até que... bem, a vida acontece.

Há os pais, a escola, a sociedade e, conforme já expliquei, nos perdemos em um abismo chamado condicionamento e acabamos sendo alguém, ou fazendo alguma coisa, porque sentimos que precisamos ou porque aprendemos a agir dessa forma. Como, agora, você está ciente do que a mania de comparação (veja o Capítulo 4) fez com você e está assumindo o compromisso sério de se concentrar em você, preciso que descubra quem diabos você é. Quero despi-la e descobrir quem você realmente é por baixo desse monte de pele, gordurinhas e tudo o mais...

- *Não* quem você teve que ser em sua família.
- *Não* quem você teve que ser em seu trabalho.
- *Não* quem você teve que ser para agradar seu parceiro.

Quem é você?

Quero que descubra onde, ao longo do caminho, você foi moldada para ser essa pessoa que talvez não queira ser. Porque, se você vive sua vida com base na forma que todos esperam que você viva, literalmente cede todo seu poder a outras pessoas e se torna dependente da validação de outra pessoa, o que te debilita.

Quando você conseguir retirar as camadas, encontrará alguém verdadeiramente espetacular, que realmente acredita em si — alguém único, que tem talentos e um grande propósito neste planeta. Quando você descobre um propósito e algo que a ilumine, é como cheirar o melhor crack, e você percebe um zumbido divino de felicidade. É a melhor droga legal que pode existir.

No entanto, descobrir quem você realmente é exige uma busca por sentimentos que vêm da Alma, e estabelecer os objetivos que você realmente deseja alcançar é o primeiro passo. Essa é a primeira dica de quem você de fato é e com o que se importa. Então, você pode alterar seu condicionamento ao fazer a escolha consciente de ser quem você quer ser.

Essa foi uma das coisas mais poderosas que alguém já me disse — que eu poderia escolher ser quem eu queria ser; que eu tinha a opção de abandonar a necessidade de ser o que meus pais esperavam, o que minha escola queria e o que a sociedade insistia que eu fosse. Eu poderia dizer adeus aos rótulos autoimpostos de "deprimida", "ansiosa", "invejosa" ou "malsucedida" e escolher uma nova identidade que me empoderasse.

Porque, por trás disso tudo, o seu eu real é muito poderoso. Quero que você entenda que a pessoa que você é, em seu interior, é sua versão mais poderosa. Ela não se preocupa em se comparar com os outros, não se preocupa em falhar e, inequivocamente, sabe que pode construir a vida com a qual sonha.

Por um momento, imagine como seria o mundo se todos fossem felizes por ser quem são e não tivessem vergonha de se amarem a ponto de não se incomodarem com a opinião dos outros, com a cor da pele, com o tipo de educação recebida nem se seriam homem um dia e mulher no dia seguinte. Deveríamos ter permissão para ser o que quisermos, sem termos que nos desculpar por isso.

Quero que você escolha quem *você deseja ser* e seja essa pessoa com todo seu poder.

A psicologia

A forma como você se enxerga atualmente — a ideia que você tem de quais são suas habilidades, sua aparência e personalidade — foi criada por sua imaginação com base em imagens; imagens construídas por meio de suas interpretações e avaliações de determinadas experiências vividas. Você deve se lembrar de eu ter mencionado, no Capítulo 1, que, quando eu tinha 4 anos de idade, uma garota veio até mim no parquinho e me perguntou sobre minhas sobrancelhas grossas. Aquilo foi horrível. Antes dos 7 anos, acreditamos que tudo o que ouvimos é verdade. Interpretei essa experiência com minha cabeça de criança e cheguei à conclusão de que eu era diferente e feia. Por duas longas décadas, essa era a imagem que eu tinha de mim mesma.

Além disso, também aprendemos com as pessoas mais próximas de nós no que devemos acreditar e como devemos nos comportar, por meio de um processo chamado "modelagem". Se sua mãe está sempre criticando seu pai, e seu pai está sempre aguentando, é provável que você adote esse comportamento com seus futuros parceiros. Isso acontece de forma subconsciente, e é por isso que somos tão parecidos com um ou ambos os nossos pais. Nós nos tornamos condicionados a nos comportarmos de determinada maneira. Tudo isso acontece devido à ideia totalmente errada de que "Eu deveria ser como todo mundo".

Então, como você pode ver, os eventos e as experiências ao longo de sua vida criaram nuvens negras em cima da versão mais poderosa que você tem em seu interior. O modo como você se enxerga está relacionado à vida que leva. A imagem que você tem de si mesma dita todos os seus pensamentos, os quais, por sua vez, comandam seus sentimentos, suas ações e seu comportamento. Ela também afeta suas habilidades.

No entanto, se a imagem que você tem de si mesma não a estiver ajudando a alcançar o sucesso desejado, você ficará empolgada em saber que é possível alterá-la. Sua identidade passada, que a levou até onde você está atualmente, não é (e não será) a identidade que a levará à nova fase de sua vida de estrela do rock.

Da mesma forma como criou uma identidade que a trouxe até o ponto em que se encontra atualmente, você criará uma identidade ainda melhor para chegar onde deseja estar no próximo mês, no ano seguinte ou daqui a uma década. Diversos estudos mostram que qualquer pessoa, jovem ou velha, pode mudar a maneira como se vê e, também, como age; consequentemente, pode mudar sua vida. BOOM!

Um dos motivos pelos quais os seres humanos pensam que é tão difícil mudar a própria identidade é porque levamos décadas para nos tornar a pessoa que somos hoje; portanto, não é tarefa fácil nos reprogramarmos. Quando nos acostumamos a ser e a fazer as coisas de uma maneira, tudo se torna tão profundamente enraizado que acreditamos ser impossível mudar. Costumamos nos apegar demais a crenças, mesmo que elas estejam sabotando nosso sucesso. Henry Ford disse sabiamente: "Tanto os homens que pensam que podem quanto os homens que pensam que não podem estão certos". Então, em que lado você está? Se você não acredita que pode alcançar algo, seja lá o que for, não há absolutamente nenhuma chance de conseguir.

Deixe-me ser clara: mudar a imagem que você tem de si mesma não significa apenas repetir "palavras positivas" e esperar que, em um passe de mágica, você mudará completamente e, de sapo, se transformará em uma princesa. Você não pode simplesmente jogar um glitter mágico em sua vida de m*rda e esperar que ela melhore da noite para o dia. Mudar a forma como você se enxerga é um trabalho profundo e requer uma boa limpeza de toda a m*rda primeiro. Até porque é impossível pensar positivamente se, lá no fundo, você se enxerga da pior maneira.

Suas crenças sobre quem você é moldam tudo o que acontece antes mesmo de você dar o primeiro passo em direção a seus objetivos. A imagem que tem de si mesma já está formada antes mesmo de você elaborar um plano. Se você se identifica como uma pessoa avessa ao risco e tem orgulho em se precaver, adivinhe como vai entrar em cada nova situação?... De forma cautelosa. É aí que reside o conflito — como você se jogará no desconhecido acreditando na possibilidade de ter uma vida incrível se é altamente avessa ao risco? Bem, você não conseguirá fazer isso, pois essa imagem específica que tem de si mesma é limitadora e se realizará quer você queira, quer não.

Para atingir todos os objetivos estabelecidos no Capítulo 3, você precisa acreditar de verdade que é capaz de alcançá-los. Você precisa ter autoestima, confiança e fé em si mesma. Você precisa se orgulhar de quem é. Quando a imagem que tem de si mesma é propícia ao sucesso, você consegue atingir seus objetivos com tanto entusiasmo que nada é capaz de impedi-la. Quando você começa a remover as camadas do condicionamento e a comandar seus sentimentos e pensamentos, seus talentos e suas habilidades únicas se revelarão e a ajudarão a cumprir sua paixão e seu propósito na vida. Acredito profundamente que todos temos talentos únicos e que, se nos permitirmos, podemos usá-los para construir uma vida mais abundante.

A parte mais difícil de mudar a imagem que temos de nós mesmos é reconhecer que ela está enraizada em nosso subconsciente, que, afinal, é responsável por 80% de nossas atitudes; por isso, é preciso cavar fundo. Você pode estar se perguntando: "Mas como faço para mudar isso?" Você pode estar olhando para sua lista de metas e tudo em que consegue pensar é como "fracassou" no passado. Uma maneira incrivelmente poderosa de se libertar da influência psicológica de seu passado é julgar todas as suas metas futuras com base em sua nova identidade (não a antiga) — aquela que escolheu para si. Você se tornará a pessoa que pode alcançar esses objetivos depois de deixar a pessoa que "fracassou" no passado.

Como escolhi mudar

Escolhi mudar a forma como me via cerca de duas semanas antes de receber uma notícia que marcou o início da mudança radical em minha vida. Eu estava em um avião, indo para o Havaí, ansiosa a respeito da semana que passaria em uma ilha paradisíaca que estava em minha lista de desejos há uma década. Finalmente a conheceria. Tinha levado comigo algumas leituras leves, um livro do incrivelmente sábio Wayne Dyer, chamado *A Força da Intenção*. Nunca esquecerei as palavras que ele escreveu e que ficaram gravadas em minha mente para sempre: "Todas as situações são emocionalmente neutras. Podemos decidir como nos sentimos a respeito de qualquer situação."

Essas palavras me salvaram de uma espiral descendente nas semanas que se passaram.

Ao desembarcar na bela ilha de Oahu, eu não fazia ideia de que as semanas seguintes me nocauteariam e me obrigariam a me tornar a mulher que sou hoje.

Enquanto eu, meu marido e minhas filhas descíamos para tomar o café da manhã, pensando no suco de laranja fresco e nos ovos *poché* que eu pediria para comer, meu telefone tocou. Era minha irmã. Senti algo dentro de mim dizer que algo ruim estava prestes a acontecer; e eu estava certa.

Segurei as lágrimas enquanto escondia o rosto por trás do menu, para que minhas filhas não me vissem desmoronar. Minha irmã deu a notícia devastadora de que meu irmão mais novo, com 8 anos na época, havia sido diagnosticado com leucemia. "Ele está com diversas infecções e câncer", foram as palavras dela.

Fiquei muito mal. Você nunca acha que isso acontecerá com sua família.

Olhei para minhas duas lindas meninas, que eram apenas alguns anos mais novas do que meu irmão, e a pontada de dor em meu coração quase me deixou sem fôlego. Imaginei como seria ouvir uma notícia dessas a respeito delas. Não conseguia segurar as lágrimas, imaginando como meu pai devia estar se sentido naquele momento, como se o mundo estivesse caindo sobre sua cabeça.

Após diversas ligações para minha família no Reino Unido, resolvi continuar com nossos planos de visitar uma cachoeira e fazer uma caminhada. Naquele dia, nadei em uma bela cachoeira e escolhi fazer algo que a maioria das pessoas não entenderia. Repeti para mim mesma diversas vezes: "Sou grata". Precisava acreditar que *haveria* uma lição maior, algo grandioso no final de toda essa loucura.

Apreciar a majestosa natureza era extremamente reconfortante, mesmo em um momento de total angústia. Eu precisava acreditar que essa notícia era um presente mal embalado e que ele se revelaria com o tempo. Escolhi ser uma pessoa otimista. Escolhi enxergar a situação de forma emocionalmente neutra e atribuir a ela um sentimento positivo.

Isso fez parar de doer? Não. Isso ajudou meu irmão a melhorar em uma semana ou eliminou a necessidade de um terrível tratamento com quimioterapia? Não. Isso me deu esperança? Com certeza!

Veja bem, você pode optar ser Debbie Downer (a personagem pessimista da série norte-americana *Saturday Night Live)*, uma vítima, uma rainha da fofoca ou a pessoa que se lamenta, porque é isso que elas estão acostumadas a fazer. No entanto, se escolhe o amor e a gratidão, abre as portas para todo seu potencial e sua capacidade de manifestar aquilo que deseja. Queria muito que meu irmão melhorasse e, meses depois, indo contra todas as probabilidades, ele estava totalmente curado. Aqueles seis meses poderiam ter sido repletos de negatividade, raiva e medo. E poderiam ter sido repletos de amor. Escolhi o amor.

O que você precisa entender é que o modo padrão da Alma é o amor (falaremos mais sobre a Alma no próximo capítulo). Quanto mais gentis e alegres somos e quanto mais tornamos nossa prioridade cuidar dos outros e servir a eles, mais silenciamos nosso Ego. Amor, bondade e alegria são como kriptonita para o Ego, ele não pode vencê-las. Essas emoções positivas preparam o palco para sua Alma se comunicar com você e ajudá-la com sua excelente orientação. Quando você se lamenta, murmura, se queixa e reclama, o Ego sabe que isso a paralisa e, *pronto*, ele entra em cena para comandar o show com entusiasmo renovado.

É importante, também, que você aprenda a enxergar as possibilidades, apesar de a vida parecer sombria ou triste às vezes.

Você tem que fazer uma escolha: ser a pessoa que enxerga tudo como uma oportunidade ou aquela que enxerga tudo como uma oportunidade de se machucar. Se você escolher ser a segunda, não importa quão bem se saia na vida. Então...

- Você conseguiu boas vendas? Então, sempre encontrará uma maneira de se repreender por não conseguir mais.
- Você está em um relacionamento maravilhoso? Então, sempre encontrará uma maneira de focar os 10% de imperfeição.
- Você está com o corpo em forma após treinar um ano com um *personal trainer*? Então, sempre encontrará gordurinhas no corpo.

É importante mudar sua forma de pensar: parar de focar o medo, a dúvida ou a negatividade e focar o que é empoderador e positivo. Sempre haverá dualidade na vida, é inevitável. Onde há luz, há escuridão; onde há molhado, há seco; onde há o bem, há o mal; onde há uma garrafa de champanhe, há um copo vazio. Obviamente, em todas essas situações, assim como na vida, você sempre pode optar por aceitar a realidade, a dualidade, seguir em frente e enxergar as possibilidades.

É, de fato, hora de fazer um facelift energético

Chegou o momento de escolher quem você quer ser. Vamos dar início ao processo de remoção das cicatrizes emocionais, correção das atitudes e reparação dos processos de pensamento. É hora de remover suas crenças relacionadas à ausência, à perda, ao ressentimento por falha e perdoar a si mesma. Estou lhe dando permissão total para assumir uma nova identidade, de alguém que "acha que você é capaz".

Fomos criados com um objetivo, e, quaisquer que sejam suas crenças a respeito da criação, não faz sentido pensar que fomos criados para fracassar. Nada é intencionalmente criado com o objetivo de fracassar. Fomos *projetados* para o sucesso e, quando incorporamos essa crença à nossa identidade, nossos pensamentos geram atitudes que nos levam ao sucesso.

Não fomos projetados para fracassar. Não fomos colocados neste planeta para obtermos menos daquilo que desejamos. Nossa "configuração de fábrica" padrão, no nascimento, foi programada para ser bem-sucedida. Nós, seres humanos, fomos colocados neste planeta para prosperar, e, desde que você saiba que resultados deseja alcançar e como se tornar a pessoa que precisa ser para buscá-los, você pode realizar o que quiser. No entanto, é preciso redefinir sua programação.

Sua nova identidade moldará tudo o que você faz. Há muitas formas de dar início à criação dessa identidade. E nenhuma delas depende de realizar algo de fato; portanto, não se preocupe com seu histórico recente:

- Escolha ser incrível.
- Escolha ter confiança.
- Escolha ser bem-sucedida.
- Escolha ser inteligente.
- Escolha ser disciplinada.

- Escolha ser sexy.

- Escolha ser destemida.

- Escolha ser inspiradora.

- Escolha ser elegante.

- Escolha ser atrevida.

- Escolha ser fodona.

Na verdade, não importa quem você quer ser — apenas quero que você faça isso de verdade, querida!

Uma das maneiras mais poderosas de reprogramar a imagem que temos de nós mesmas é por meio da visualização. Somos a única espécie no planeta que recebeu o dom da imaginação. Ela nos permite criar coisas e sonhar. Essa é uma parte importante do quebra-cabeça da manifestação, pois a única diferença entre as pessoas que já alcançaram o sucesso e aquelas que ainda não obtiveram êxito na vida é como elas filtram seus pensamentos. Isso porque, como expliquei, os pensamentos se transformam em coisas.

Veja um exemplo de como a imaginação é poderosa. Quero que você apenas respire fundo por um momento. Em seguida, imagine que está vendo, em sua fruteira, um belo e suculento limão siciliano. Quero que você pegue uma faca e corte-o ao meio. Depois, que imagine que deu uma lambida nele. O que aconteceu? Conseguiu sentir seus lábios se contraindo? Consegue sentir a acidez do limão imaginário? Sim? Sua mente, como você pôde perceber, não sabe a diferença entre a realidade e a imaginação.

A neuroplasticidade trata da capacidade do cérebro de formar novas vias neurais (interconexões entre partes do sistema nervoso). Assim como treinamos para criar músculos, quanto mais determinadas vias neurais são "trabalhadas", mais fortes elas se tornam. Vias neurais fortes se transformam em "estradas" psicológicas favorecidas; portanto, ao usar a imaginação por meio de visualizações que também estão ligadas a emoções fortes, podemos criar formas de pensar e de agir.

Quando realizamos visualizações com certa frequência, na verdade criamos novas "memórias" que substituem as "velhas memórias" de nossa identidade passada armazenadas em nossa mente, que estavam nos atrapalhando. Mesmo que essas novas "memórias" não sejam uma realidade no mundo físico, o cérebro não sabe diferenciá-las e começará a trabalhar para ajudá-la a avançar em direção ao resultado desejado. Quanto mais precisa você for, mais forte será sua visão do futuro e você será mais capaz de fazer seu cérebro encontrar maneiras de transformar essa visão em realidade.

Conforme Buda disse: "Você cria aquilo que imagina".

OS PRINCIPAIS APRENDIZADOS

- Suas crenças sobre quem você é moldam sua identidade. Elas comandam todas as atitudes que você toma em sua vida.

- Você nasceu com a capacidade e o poder de fazer algo impressionante, até que o condicionamento a transformou em alguém diferente.

- Você precisa descobrir em que momento, ao longo de sua jornada, foi transformada em alguém que talvez não queira ser. Você deve restaurar suas "configurações de fábrica".

- Retirar as camadas e remover a máscara é fundamental para sintonizar a frequência certa e manifestar seus desejos.

- Sua antiga identidade não será aquela que a levará à nova fase de sua vida de estrela do rock. É hora de criar uma imagem de si mesma que a leve a alcançar o sucesso.

TUAP!

Pratique a arte da visualização

No Capítulo 5, você descobriu em que situações acredita ter fracassado. E investigou quem a condicionou a esse fracasso.

Agora, quero que você se aprofunde um pouco mais e anote *por que* não seria capaz de alcançar seus objetivos. Quais são seus medos? Que traços de sua personalidade a impedem de agir? Que crenças limitantes você mantém dentro de si? Quero que anote tudo o que vier à mente, mesmo que pareça pequeno ou bobo.

Em seguida, quero que você leia sua lista e repita as palavras "Eu me perdoo, eu me amo", à medida que risca cada um dos medos, das características e das crenças. Fale em voz alta, para começar a reprogramar seu subconsciente.

Agora, você pode começar a idealizar "novas" memórias e uma imagem mental forte de quem escolhe ser daqui para a frente. Mentalize os objetivos que definiu para si mesma.

Quem você precisa ser para alcançar esses objetivos?

Eu sabia que precisava ser disciplinada. Sabia que precisava ser corajosa.

Seja totalmente clara a respeito da pessoa que alcançou os objetivos que você definiu:

- Como ela se tornou visível no mundo?
- Quais são seus traços de personalidade?
- O que ela está transformando a cada dia?
- Como é a forma física dela?
- O que as pessoas estão dizendo a respeito dela?

É HORA DE FAZER UM FACELIFT ENERGÉTICO

Após criar seu "filme mental" de sua nova identidade, é preciso visualizá-lo diariamente durante 15 minutos.

Visualize-se celebrando a manifestação de seus objetivos como se eles já tivessem sido realizados. Se deseja reformular seus relacionamentos, imagine-se desfrutando do relacionamento com o qual sonha. Se deseja perder peso, imagine-se treinando na academia e, de fato, gostando disso. Se deseja ter um negócio de sucesso, mentalize acordos sendo fechados, comemorações e depósitos de grandes somas de dinheiro. Pense na imagem da melhor versão de si mesma.

Esvaziar a mente de toda a tagarelice negativa durante a visualização exige prática. Quando você tenta fazer isso pela primeira vez, parece difícil e exigente. Mas, se começar aos poucos e repetir todos os dias, você começará a se fortalecer. E, em pouco tempo, será fácil. Se ajudar, ouça algumas músicas que a inspiram. Lembre-se de que, quando atribuímos uma emoção positiva a cada visualização, ajudamos a criar novas vias neurais.

Tenha paciência, e os resultados vão surpreendê-la. Ah, e se você acha que 15 minutos por dia é muito tempo, você devia se envergonhar. As desculpas roubam seus sonhos — então, tome uma atitude, porra!

7

Escolha Você

Atualmente, temos uma epidemia de extrema deficiência de amor-próprio, que resultou em milhões de pessoas tratando a si mesmas muito mal.

Vamos lá, agora que você descobriu as histórias que atrapalham sua vida e optou por adotar uma nova identidade, é hora de fortalecer essa nova identidade e cimentá-la, como uma estrela na Calçada da Fama de Hollywood.

Então, deixe-me perguntar uma coisa: você acredita em si mesma? Mais do que isso: você se ama? Essa não é uma pegadinha a que você responde "sim" e, então, eu aponto o dedo, dou risada e a chamo de "cabeçona" egoísta. Estou falando sério!

Por que estou perguntando isso? Bem, amor-próprio é um termo que comecei a ouvir apenas aos 20 e tantos anos. O ódio próprio era algo que eu praticava bastante, e notei que a população em geral pratica a mesma coisa. "Sou tão gorda", disse sem dó a mim mesma repetidas vezes. Eu me ressentia, em segredo, com todas as meninas ao meu redor que usavam tamanho 38, desejando que elas comessem compulsivamente muitos Big Macs do McDonald's e ganhassem peso para me fazer parecer esbelta! Para mim, controlar a comida parecia muito mais difícil do que controlar a baixa autoestima e as dietas malucas que eu fazia e que me levaram ao fundo do poço, por um caminho longo e obscuro. Seu corpo é para ser um templo, mas o meu se parecia mais com um quiosque de kebab.

Passei a maior parte de minha adolescência e o início dos 20 anos fazendo dieta, tomando pílulas suspeitas que comprei pela internet e, até mesmo (tenho vergonha de dizer isso hoje), pensando em como tornar o algodão palatável, pois eu tinha lido que as modelos comiam algodão para não sentirem fome, ingerindo, assim, zero calorias. Verdadeiras catástrofes acontecem quando você odeia seu corpo físico. Não punimos, repreendemos, condenamos ou consideramos remoldar nosso corpo quando nos amamos. Não o punimos frequentemente com excesso de álcool, narcóticos e comidas altamente processadas se respeitamos o único corpo que recebemos.

Atualmente, temos uma epidemia de extrema deficiência de amor-próprio, que resultou em milhões de pessoas tratando a si mesmas muito mal. O amor-próprio não é uma porcaria de felicidade vaga, boba, coisa apenas de meninas ou meninos estúpidos — ele é importante. A falta de amor-próprio e de autoconfiança está ligada a uma infinidade de problemas psicológicos, desde baixa produtividade na escola e no trabalho até ansiedade e depressão, abuso de álcool e substâncias.

Uma experiência pessoal

Vi de perto como a falta de amor-próprio pode destruir a vida das pessoas, uma vez que ela leva ao sofrimento. Era uma noite de inverno de 2010, e eu estava na casa de minha família, sofrendo bullying emocional por um homem que supostamente nos amava. Minha mãe havia saído e me deixado em casa com meu padrasto, e eu o ouvi dizer ao telefone como todos nós éramos horríveis. Ele estava embriagado. Senti meu sangue ferver. Desci correndo as escadas, vi a garrafa de vodca e a peguei. Rapidamente, tirei a tampa e comecei a derramá-la na pia. Eu estava tremendo, com uma mistura de raiva e adrenalina pelo medo de ser pega, mas essa garrafa era a antagonista em nossas vidas.

Em um rompante, meu padrasto veio correndo, com o rosto tão vermelho que pensei que fosse explodir. "O que você está fazendo?", ele berrou. Comecei a gritar com ele: "Isso está MATANDO VOCÊ". Eu estava segurando minhas lágrimas e ainda tremendo pela adrenalina que corria em meu sangue.

Olhei para ele vindo para cima de mim, pronto para me bater. "Então bata em mim", gritei. "Vá em frente, assim posso chamar a polícia e você finalmente sairá daqui".

Ele parou, falou mais algumas palavras horríveis para mim e saiu. Subi as escadas correndo e chorei. Como esse homem incrível que tanto amamos se transformou nesse monstro? O homem que se casou com nossa mãe e a quem chamamos de padrasto com orgulho. Um homem que costumava nos tratar como família.

Meu padrasto era alcoolista. Digo "era" porque apenas alguns dias atrás, enquanto escrevia este livro, ele infelizmente faleceu em decorrência de uma doença hepática terminal. Ouço diariamente que o alcoolismo é uma doença na qual o viciado não tem muito controle. Sim, uma doença mental. Uma doença que faz do sofrimento um modo de vida, e a única saída para a pessoa é anestesiar sua dor com um litro de vodca por dia.

Meu padrasto havia perdido a autoconfiança. Ele não tinha amor-próprio e acreditava que o mundo era culpado por seus problemas. Ele havia perdido o controle de seu sofrimento. Por favor, entenda, ele não era um homem horrível. Estava dominado pela dor que era odiar a si mesmo. O sofrimento está sempre relacionado à maneira como alguém *pensa* a respeito de uma situação, e meu padrasto aprendeu a ficar desamparado, recusando-se a acreditar que ele era bom o suficiente e alimentando esse sentimento com álcool. Uma das motivações que me levaram a me tornar coach era ajudar as pessoas a entenderem que o significado que damos a uma situação pode nos ajudar a superá-la. Que, mesmo em nossos momentos mais sombrios, temos a opção de mudar a forma como pensamos. Que, por mais difícil que seja, sempre há uma oportunidade de analisar a situação de pontos de vista diferentes.

A verdade sobre o amor-próprio

É uma verdadeira ironia pensar que, ao longo dos anos, o ser humano aprende que "amar a si mesmo" é algo negativo e associa isso a ser teimoso, narcisista ou egoísta. No entanto, quando nos amamos completamente, não tratamos nosso corpo e nossa mente como inimigos. Se fosse possível gravar as coisas que eu dizia a mim mesma quando estava deprimida, a maioria das pessoas ficaria horrorizada, mas muitos de nós têm uma *playlist* de frases autopunitivas dentro da cabeça, que serve para repreender a única pessoa a que estamos amarrados para o resto da vida. Sim, estamos presos a nós mesmos até que a morte nos separe; portanto, devemos ser muito mais agradáveis conosco.

O amor-próprio é algo muito mais profundo do que um banho quente e gostoso de banheira ou se presentear com uma bolsa. O amor-

-próprio é ter a capacidade de ser realmente honesta consigo mesma com relação àquilo que a deixa infeliz, para que possa realmente resolver o problema. O amor-próprio é aceitar e conhecer a fundo todas as partes de sua história — por mais obscuras que algumas delas possam ser. O amor-próprio é aceitar toda sua jornada e a pessoa em que você se tornou ao longo dessa caminhada, em vez de se condenar por não ter acertado em todas as áreas de sua vida. O amor-próprio é ter a disciplina necessária para alcançar aquilo que você realmente quer — como se amar mais, para finalmente largar aquele parceiro que não a faz feliz, abandonar de vez o consumo de açúcar, que é ruim para sua diabetes, ou realmente ir atrás de seus sonhos, para que você se torne uma versão mais feliz de você.

A falta de amor-próprio pode ser algo menos perceptível do que o alcoolismo e estar muito bem escondido em seu subconsciente. Você pode estar alimentando crenças em seu subconsciente de que não é digna de ter dinheiro, amor ou o corpo que deseja, o que se manifesta à medida que você, inconscientemente, toma atitudes que sabotam seu sucesso.

O nível de amor que você tem por si mesma determinará as atitudes que decide tomar. Se você não acredita que é digna de ser rica, é menos provável que corra os riscos necessários para enriquecer ou que tenha coragem de dar um salto no escuro e iniciar um negócio ou tentar uma promoção no trabalho. Se você acha que não merece um abdômen perfeitamente tonificado ou uma bunda como a da J-Lo, é pouco provável que dedique tempo para se exercitar, já que "tudo isso é perda de tempo e dinheiro e não ajuda em nada". Se você não acredita que é digna de alcançar o "felizes para sempre", é mais provável que fique sozinha ou se transforme em uma completa psicopata, arrumando justificativas, inconscientemente, para romper seus relacionamentos após cada pequeno desentendimento.

Sou considerada culpada em todas as situações citadas. E você?

O amor-próprio não é algo físico em seu corpo, que você tem ou não tem. Não depende de quão bem-sucedida você é e também não é um traço de personalidade. Amar a si mesma é um modo de vida, um ritual diário — uma prática. A verdade é que muitas pessoas olham para mim hoje e veem uma mulher feliz, saltitante, bem-sucedida e confiante porque não conhecem as "feridas de guerra". Costumo dizer que retirei com laser as cicatrizes espirituais de meu passado, por isso elas não são detectáveis a olho nu. No entanto, elas estão lá. Mas, em vez de deixar a dor definir quem eu sou, fiz dela um ensinamento. Em vez de me apegar ao passado que me levou a me punir, aprendi a me perdoar, para poder realmente seguir em frente. Tomei a decisão de me amar, e não apenas gostar de como sou, porque amar a si mesma é algo muito mais poderoso. Você também pode optar por acreditar em si mesma e se amar sem constrangimento.

Então, como você pode fazer essa mudança tão importante para sair das garras da autocondenação e ter um relacionamento mais feliz e amoroso com a única pessoa com quem passa todo seu tempo? Bem, o primeiro passo é perdoar a si mesma pelo que fez no passado — deixar de lado tudo o que a levou a acreditar que, hoje, você não é digna de esforço. O segundo passo é abraçar a vida, apesar do medo (que aparece de diversas formas), porque você se ama o suficiente para buscar a melhor versão de si mesma. E o terceiro passo é respeitar sua jornada o suficiente para ser grata por todos os altos, baixos e as voltas que a trouxeram até aqui.

"A forma como você se ama é como a vida a amará de volta", escreveu Kamal Ravikant em seu livro *Ame a si mesmo: sua vida depende disso*. "Também não acho que existe escolha. Não sei explicar como funciona, mas sei que é verdade."

Vamos falar sobre a palavra com F

Como você deve ter percebido, gosto de palavras que começam com F, mas não apenas os palavrões. Por acaso, tenho outra palavra com F que considero pertinente para essa jornada mágica de autodescoberta: a palavra "fé" (abordamos isso no Capítulo 2). Outra palavra, relacionada à autodescoberta, que considero importante é "perdão".

Perdoar a si mesmo e aos outros, independentemente do que fizeram, é uma das atitudes mais difíceis que podemos tomar para buscar o amor-próprio. Isso porque, quando você abraça essa "tolice" de amar a si mesma, mostra que está disposta a se colocar em primeiro lugar. Ficar ressentida com as pessoas porque elas não são boas o suficiente, de acordo com sua opinião, afeta sua energia de maneira ruim, o que, por sua vez, afeta sua capacidade de construir uma vida muito mais abundante.

A HISTÓRIA DE SARAH

Pegue o exemplo de Sarah. Quando ela tinha 5 anos, sua mãe a deixou com seu pai, um homem mais velho e aposentado, para que ele a criasse. Dos 5 aos 13 anos, ela via a mãe apenas uma vez por ano. Ela frequentou uma escola em uma área agradável, em que todos pareciam ter muito dinheiro e, nas palavras de Sarah, pertenciam a famílias "perfeitas", com vidas "normais".

Sarah não se sentia amada ou valorizada em comparação com suas amigas e começou a formar uma crença de que não era boa o suficiente para merecer amor e que foi por isso, ela pensou, que sua mãe havia saído de casa. Ela manteve esse pensamento horrível em sua mente, em seu subconsciente, até os 35 anos de idade.

Quando começamos a trabalhar juntas, ela me disse que tinha medo de construir um negócio de sucesso. À medida que conversávamos mais, ficou claro que ela realmente não acreditava que merecia o sucesso, pois achava que não era boa o suficiente. Sejamos sinceras, se você não se sentiu amada por aqueles que a trouxeram ao mundo, por que deveria aprender a amar a si mesma ou a acreditar em si mesma?

O medo do sucesso era apenas uma maneira de Sarah se manter pequena. Ela precisava perdoar seus pais, deixar de lado qualquer ressentimento e fazer as pazes com o fato de que essas crenças que ela formou eram totalmente falsas. Havia uma garotinha dentro de Sarah que precisava receber um pouco de amor e cura, e isso significava reservar um tempo para descobrir que sua autoestima de adulta não tinha nada a ver com o modo como foi tratada quando criança.

Gostaria de saber se você conseguiu se identificar com a história de Sarah. Posso dizer que eu consegui. Quando eu tinha 11 anos, minha vida mudou no instante em que duas meninas da mesma idade que eu e muito próximas de mim confidenciaram que haviam sido abusadas sexualmente. Elas me pediram para jurar segredo, e, como uma leal menina de 11 anos, eu mantive o segredo. Mesmo com apenas 11 anos, lembro-me de entender muito bem a gravidade do que significava abuso sexual. Eu sabia que algo muito, muito errado havia acontecido com elas e chorei histericamente quando descobri. Mas prometi manter isso em segredo e, consequentemente, senti o peso de uma responsabilidade que nenhuma criança de 11 anos deveria carregar.

À medida que os anos se passaram, esse segredo se tornou ainda mais pesado. Comecei a ter pesadelos aterrorizantes, mas nunca sabia dizer o motivo. Senti um nível palpável de culpa por ter decepcionado essas garotas. Mas é claro que eu não as tinha decepcionado. Eu tinha 11 anos, mas formei uma crença profundamente enraizada que, depois, se manifestou em meu corpo, desenvolvendo os primeiros sinais de depressão aos 12 anos. Vivi com esse segredo por quase uma década antes de compartilhar com alguém. Pouco depois, o agressor morreu e, assim, escapou de seu crime. A raiva e a culpa apodreceram dentro de mim nos anos que se passaram e, inconscientemente, eu não acreditava que merecia ter sucesso na vida.

Quando eu tinha 12 anos, meus pais se divorciaram. Diferentemente do que ocorre com a maioria das crianças, essa foi uma mudança bem-vinda. Vivi em uma zona de guerra durante a maior parte de minha infância, morando com pais que não tinham ideia de como fazer um ao outro feliz. Em meio a tudo isso, eu também estava sofrendo bullying na escola por uma garota que estava determinada a tornar minha vida miserável. Frequentei uma escola de meninas e… bem, vocês sabem como as meninas podem ser bastante desagradáveis. Essa garota se esforçava para me excluir e, como alguém que já sofria da necessidade de se sentir amada e aceita, isso doeu demais. Nunca esquecerei a ocasião em que uma das meninas deu uma festa e começou a convidar todos da minha sala, menos eu. Parece tão bobo agora, mas, na época, foi como um soco na cara. Até hoje, ainda não sei por que ela me odiava tanto. Nunca me encaixei em nenhuma das panelinhas e me lembro de sempre me sentir profundamente desconfortável, pois estava sempre tentando me adaptar.

Aos 16 anos, me apaixonei pela segunda vez. Ele era cinco anos mais velho do que eu e já tinha um carro, o que fazia dele o máximo; no início, ele me fez sentir como se eu valesse um milhão de dólares. O fato de namorar um cara mais velho me deu prestígio e crédito na escola e mudou meu status de total fracassada para "legalzinha". Ele me fazia rir, e eu o amava.

Mas as coisas começaram a degringolar rapidamente. Comecei a beber muito nos fins de semana, principalmente porque podia entrar em bares e clubes por estar com meu namorado mais velho. Ele era muito controlador, um manipulador e insanamente ciumento e fez de meu coração um saco de pancadas. Houve uma ocasião, quando estávamos em um pub e eu estava conversando com um de seus amigos, em que ele caminhou até mim e começou a me xingar, depois derramou uma cerveja inteirinha sobre mim: "Ninguém vai gostar de você agora", ele desdenhou. Lembro-me da humilhação devastadora e de acreditar que ele estava certo. E, sim, como a maioria das garotas que não se valorizam, continuei com ele porque o amava.

O ponto mais baixo foi esperá-lo no hospital enquanto ele realizava uma lavagem estomacal após tentar o suicídio por meio de uma overdose. Graças a Deus ele sobreviveu, mas, logo depois, ele me disse que era minha culpa ele querer se matar. Com suas ameaças de suicídio e as humilhações mesquinhas a que me expunha, ele me trouxe para sua guerra emocional interna. Foi quando comecei a desenvolver ansiedade e diversos pensamentos ruins. Parecia que eu tinha um cordão emocional invisível que me ligava a ele, e esse cordão estava ficando cada vez mais apertado; e eu não tinha noção de como me desatar dele. Ao mesmo tempo em que eu amava profundamente esse garoto, eu também o odiava.

Fiquei me perguntando por que tudo, mesmo aos 16 anos, parecia ser tão difícil. Se a vida era tão difícil, eu não tinha mais certeza se queria continuar vivendo. Com 16 anos, eu já tomava Prozac. Lembro-me muito bem de estar em consulta com meu médico de família e lhe dizer que eu simplesmente não sentia vontade de continuar vivendo. Havia dias em que me sentia bem e feliz (geralmente quando estava bêbada), mas, na maioria dos dias, me sentia para baixo. Na verdade, parei de tomar os antidepressivos depois de um mês e, finalmente, terminei esse relacionamento tóxico meses depois, após ele ter me agredido fisicamente uma noite.

Eu queria desesperadamente que alguém me notasse e me amasse, enfim, que me ajudasse a me sentir melhor. Eu tinha desenvolvido um nível de ansiedade muito alto que, mais tarde, descobri ser em virtude do medo de que as pessoas me machucassem. Fiquei apavorada por pensar que não era boa o suficiente e não aguentava o sentimento devastador que acompanha a rejeição. Às vezes, a ansiedade era tão insuportável que eu mal conseguia respirar, e meu coração batia tão forte que eu estava convencida de que ele rasgaria meu peito e me dividiria ao meio.

Eu sentia mais ansiedade quando estava em um relacionamento, mas, ironicamente, estava tão desesperada por amor que pulava de um relacionamento para outro. Era um círculo vicioso, em que eu realmente acreditava que minha felicidade estava nas mãos de outra pessoa. Estava sempre esperando o príncipe encantado chegar e me fazer feliz; no entanto, toda vez que eu entrava em um novo relacionamento, a ansiedade voltava. Embora eu tenha vivido alguns momentos maravilhosos, estava sempre lutando contra o medo de que essa pessoa ou me machucasse, ou me abandonasse. Naturalmente, esse medo me fez agir como uma perfeita idiota e, consequentemente, todos e cada um desses relacionamentos terminaram, deixando-me exausta e esgotada.

Aos 20 anos, quando fui novamente rejeitada, descobri o maior antídoto para a dor — a cocaína. Foi ótimo anestesiar o sofrimento. Eu me sentia outra pessoa toda vez que cheirava uma carreira daquele pó branco; me sentia forte, poderosa, despreocupada e divertida. Eu era o centro das atenções, e minha confiança aumentava muito. Era popular, engraçada e extrovertida. Conseguiria olhar meu ex nos olhos e lhe dizer um metafórico "Vai se foder", mesmo que, por dentro, desesperadamente o quisesse de volta.

Logo também comecei a usar ecstasy. Eu estava me divertindo e saindo o máximo que podia. Isso me dava a desculpa de ficar chapada o tempo todo. Mas, assim como existe o topo, existe uma toda-poderosa queda. Minhas crises foram horríveis. Minha ansiedade piorou, meus dias depressivos ficaram ainda mais depressivos e comecei a sofrer de insônia e a ter espasmos nas pernas. Como toda pessoa que já teve insônia sabe, não é nada legal ficar acordado a noite toda apenas na companhia dos próprios pensamentos.

Eu era uma garota festeira, mas foi somente mais tarde que percebi que a diversão era uma distração de mim mesma. E, sinceramente, eu não gostava de mim mesma. Odiava meu corpo, odiava o fato de ser solteira e odiava o fato de ser ansiosa, porque isso arruinava todos os meus relacionamentos. Então, como você pode perceber, entendo como é fácil deixar de amar a si mesma. Eu sentia como se minha vida fosse um desastre total.

Sei que não sou a única a passar por essa experiência. A maioria de nós não sabe lidar com os próprios sentimentos e pensamentos e procura amor e felicidade à nossa volta. Baseamos nossa felicidade por meio da validação e aceitação dos outros. Depender de outras pessoas para ser feliz, como eu fiz, é extremamente desempoderador, e você acaba se tornando carente, possessiva e ciumenta.

Finalmente, aprendi que, até amar a mim mesma, eu nunca sentiria a verdadeira felicidade de ser amada por outra pessoa. Muitos de nós pensam precisar estar apaixonados por outra pessoa para ter aquele brilho nos olhos, enquanto, é quando aprendemos a amar a nós mesmos em *primeiro* lugar que, de fato, realmente florescemos.

Quando iniciei um relacionamento totalmente novo comigo mesma, meu casamento mudou para melhor, e me envolvi em um relacionamento mais profundo e respeitoso, baseado na admiração mútua, e não em dependência.

Perdoando a si mesma

Todas as experiências pelas quais passei deixaram um carimbo mental em meu cérebro, e todas as suas experiências farão o mesmo. Portanto, perdoar a si mesma é crucial. Sua dor e seus erros, se examinados da forma correta, podem se tornar seu diretor espiritual e, na verdade, são os momentos de grande angústia que lhe proporcionarão a oportunidade de encontrar sua mina de ouro interior e as lições que a ajudarão a se tornar a melhor versão de si mesma.

Quero que você faça uma lista dos erros que cometeu em sua vida. Coisas das quais você se arrepende. Coisas que você gostaria de ter feito de outro jeito.

Agora quero que você escreva o que aprendeu com cada um deles.

Agora olhe para cada um deles, risque-os e repita: "Eu me perdoo, eu me amo".

Perdoando aos outros

As pessoas que nos causam dor ou raiva — *elas* são nossos professores mais importantes. São elas que indicam os limites de nossa capacidade de perdoar. Culpar os outros ou, pior ainda, culpar a si mesma por coisas do passado não a ajudará a seguir em frente; portanto, é extremamente importante que você reconheça que, além de perdoar a si mesma, também precisa perdoar àquelas pessoas que você acha que a prejudicaram.

Perdoar essas pessoas não significa que o que elas fizeram estava certo. Não significa que você nega o fato de que o que elas fizeram estava errado. Ao perdoar alguém, você está dizendo de forma poderosa:

"Escolho não mais me apegar à energia ruim que esse ressentimento ou essa culpa está me trazendo". É sobre escolher se amar mais do que à sua raiva e à sua dor.

Quero que você faça uma lista das pessoas que a machucaram e com relação às quais você ainda sente alguma energia negativa.

Agora, quero que você escreva uma carta perdoando cada uma delas. Não é necessário entregar as cartas se não quiser — isso é mais para tirar essas pessoas de sua mente e colocá-las no papel. Esse reconhecimento consciente de perdão será poderoso.

Lembre-se de que a verdadeira felicidade acontece quando você consegue ser grata por uma experiência, seja positiva ou negativa, e o perdão é parte importante dessa gratidão. Para seguir em frente, você precisa deixar de lado toda a dor do passado.

Não finja até conseguir

É preciso coragem para escolher amar a si mesma, pois isso exige que você aceite sua verdade, sua história e entenda que tem o poder de mudá-la. Manter a imagem bonita de que sua vida é perfeita quando, por dentro, você sente o contrário, fará com que se sinta emocional e mentalmente esgotada.

Você já deve ter percebido, enquanto lê este livro, que um de meus sonhos era me apresentar em um palco. Então, quando me ofereceram a oportunidade de ser figurante em um filme, aproveitei a chance. Não era um papel de protagonista, mas finalmente eu passaria pela experiência de participar de um filme. Voei até a Espanha para participar de uma cena do filme britânico *The Inbetweeners* em um barco. Se você assistisse ao filme agora e passasse pela cena da festa no barco, veria sol e rostos felizes dançando em uma cena gloriosa de curtição de adolescentes em férias.

No set, a realidade era completamente diferente. Primeiro porque estava extremamente frio, e um vento gelado estava soprando. O barco estava cheio de figurantes com bronzeamento artificial, brigando entre si por grandes mantas marrons, para se aquecerem, e tomando remédios para enjoo, para não vomitarem uns nos outros. Às vezes, filmar cinco minutos de uma cena final podia significar horas de filmagem. Enfim, toda a experiência estava muito longe de ser glamourosa como eu imaginava quando criança.

Foi nessa semana que finalmente desisti do sonho de ser atriz. Verdade seja dita: muitas pessoas mantêm essa pretensão de fingir que sua vida é um sucesso de bilheteria, perfeitamente editado, enquanto, nos bastidores, sentem frio, ficam doentes e amontoadas embaixo de um cobertor. É como a mulher que se recusa a compartilhar com as amigas que o marido a está traindo, por medo de ser julgada; ou o homem que finge estar em um casamento feliz para encobrir o fato de ser gay; ou o advogado que vai para casa e bebe todas as noites porque sua carreira de sucesso está esgotando suas energias.

Tentar controlar tudo e ser perfeita é cansativo. Manter as aparências por medo de que alguém possa enxergar seu *verdadeiro* "eu" é o caminho certo para acabar completamente infeliz. Ter amor-próprio significa ser honesta consigo mesma e ter coragem de encarar a vida e se perguntar: "É isso que realmente quero? Estou sendo a pessoa que realmente quero ser?"

Diga não

Amar a si mesma também significa escolher a si mesma e gerenciar sua energia, para que você possa ter o máximo de vibração possível e esteja totalmente em seu palco de manifestações. Imagine-se como um gerador de energia. Você precisa estar repleta de vibrações positivas e, toda vez que opta por fazer algo que não a deixe cheia de energia, é como se estivesse arrancando um fio do gerador, o que causará queda de energia. Você tem permissão para ser egoísta e se colocar em primeiro lugar. Quando você reconhece que a energia é fundamental para o sucesso, evita de todas as formas qualquer falta dela.

A HISTÓRIA DE ELLA

Gostaria que você conhecesse Ella. Ella tinha um problema crônico, sentia necessidade de estar sempre agradando a todos e achava difícil decepcionar alguém. Isso significava que estava sempre dizendo "sim" para tudo e todos e nunca tinha tempo para si mesma. Isso não era apenas fisicamente desgastante, como também mental e energeticamente esgotante, porque toda vez que ela tinha que dizer "sim" para alguma coisa que não a agradava, ficava ressentida. Quando seu coração não está ligado a alguma coisa e você diz "sim" para essa coisa, isso significa que seu Ego está lhe dizendo que você é uma má pessoa; portanto, em vez de se comportar de acordo com seu desejo, você acaba reagindo e fingindo.

Pare de pedir opinião

Uma maneira de confiar em si mesma e de amar a si mesma é abandonar a necessidade de obter validação de outras pessoas. Todos fazemos isso. Como aquele momento no vestiário, em que você se olha no espelho e, secretamente, pensa que está maravilhosa, mas, ainda assim, se vira para suas amigas e pede a opinião delas. Quantas vezes você perguntou a alguém se prefere seu cabelo de uma forma ou de outra, se gostou de sua roupa ou pediu opinião sobre alguma grande decisão que precisa tomar em sua vida?

Quando você se respeita e se admira, não espera que outra pessoa lhe diga se está bonita ou se está fazendo uma boa escolha. Você se ama o suficiente para tomar essa decisão e abraçá-la com ousadia. Sim, haverá ocasiões em que você realmente precisa de uma segunda opinião, mas faça com que essas ocorrências sejam raras. Seja boa em validar a própria decisão.

Celebre todos os dias como se fosse seu aniversário!

Expliquei anteriormente que o amor-próprio é uma prática, e parte disso é celebrar suas conquistas. Nesse mundo cada dia mais acelerado, não paramos muito para refletir sobre quão longe já chegamos. Quando foi a última vez que você parou e aproveitou o momento para comemorar e dar uma recompensa a si mesma? Se você enxerga essa ideia com estranheza, não está sozinha.

Eu costumava acreditar que celebrar a mim mesma somente acontecia no aniversário e, mesmo assim, era sobre outras pessoas comemorando meu dia. Nunca apenas me sentei e disse: "Ei, Noor, você foi bem". Se você está sempre fazendo, e não vivendo, vai perder todos os belos momentos da vida. Às vezes, levamos a vida muito a sério e nos apegamos tanto ao resultado final que nos esquecemos de aproveitar a jornada.

A HISTÓRIA DE JASMIN

Jasmin é uma empreendedora e mãe, e seus dias são ocupados. Todas as manhãs, ela escrevia uma lista de tarefas enorme e, no final do dia, sua mente focava as coisas que ela não tinha feito, em vez de focar as coisas que tinha realizado. Em vez de agradecer e comemorar seu dia por ter feito diversas coisas, ela caiu na armadilha de se martirizar por aquilo que não tinha feito.

Esse é um grande "dedo do meio" para o Universo e uma maneira infalível de sintonizar a M★rda FM. Não espere até que você alcance seus objetivos de vida para aplaudir a si mesma. Quando dedica tempo todos os dias para reconhecer as pequenas ações que está realizando a fim de alcançar seus objetivos, você as fortalece. O Universo *adora* uma celebração, e todas as vezes em que você se felicita por estar um dia mais próxima de seus objetivos, está sintonizada na frequência certa.

Celebrar seus sucessos a motiva a buscar mais, o que, por sua vez, aumenta sua confiança. Quando faz isso, você está dizendo ao Universo que é incansável, o que, por sua vez, atrai mais energia positiva para sua vida. Você está pronta para ser totalmente maravilhosa?

Você merece que suas realizações sejam reconhecidas, por menores que elas sejam. Se você não celebrar sua vida, quem o fará?

OS PRINCIPAIS APRENDIZADOS

- O amor-próprio é mais do que apenas preparar um bom banho. É uma profunda apreciação por você e por toda sua história.
- Até que você aprenda a se amar, nunca permitirá que seus desejos mais profundos sejam completamente desvendados.
- Perdoar a si mesma e aos outros é fundamental.
- Não há problema em dizer "não" e em ser egoísta.
- Celebre suas conquistas e sua vida todos os dias.

TUAP!

Dance como se ninguém estivesse olhando!

Passe um minuto por dia celebrando sua vida — celebre todos os dias como se fosse seu aniversário. Isso a deixará em um nível alto de vibração. Pegue sua lista de metas e escreva algo que você fará sempre que alcançar uma delas — pode ser comprar um presente, tomar uma taça de champanhe ou agendar uma viagem, apenas decida como você celebrará sua conquista.

A vida não é uma corrida. Quando você aprende a se divertir durante a jornada da vida, o destino parece valer ainda mais a pena.

8

Sua Palavra é sua Varinha

Diálogos internos e externos estão lançando feitiços sobre sua vida: às vezes pode ser um feitiço bom, mas também pode ser uma magia muito, muito negra.

Eu costumava jogar um jogo quando era mais jovem. Ele se chamava "Eu nunca...". Geralmente envolvia algumas amigas e uma garrafa de bebida barata, com sabor de metanol, que eu tinha comprado por menos de 5 euros em uma viagem ao exterior. As regras do jogo são simples. Cada jogadora pega uma bebida e faz uma declaração que começa com "Eu nunca", seguida da revelação de algo embaraçoso que fez na vida. Então, se alguém também o fez, deve tomar um gole da bebida. O resultado disso é um bando de garotas bêbadas e rindo à toa, após a descoberta dos segredos mais profundos umas das outras.

Bem, descobri que há um novo jogo que jogamos depois de adultos. É o jogo "Eu nunca poderia..."; mas, nessa versão, revelamos nossas crenças limitantes mais profundas. O jogo "Eu nunca poderia..." nos mantém em uma posição reduzida e distantes de viver nosso verdadeiro potencial. Por exemplo:

- "Eu nunca poderia parar de ingerir açúcar" a mantém doente.

- "Eu nunca poderia largar meu emprego" a mantém infeliz.

- "Eu nunca poderia deixar meu parceiro" a mantém em um relacionamento tóxico.

- "Eu nunca poderia iniciar esse negócio" a mantém distante de seus sonhos".

Você entendeu a ideia.

Quando percebi que estava jogando o jogo "Eu nunca poderia..." em minha vida, decidi que era hora de mudar. Em que área de sua vida você está jogando esse jogo? Como exploramos no início deste livro, as crenças que você formou estão criando histórias limitantes em sua mente. Mudar os padrões de pensamentos enraizados após uma década de condicionamento não é tarefa fácil, mas usar o poder de suas *palavras* para se ajudar ao longo do caminho é fundamental, e é disso que trata este capítulo.

Quero que você entenda que as palavras são poderosas. Seus diálogos internos e externos estão lançando feitiços sobre sua vida: às vezes, pode ser um feitiço bom, mas também pode ser uma magia muito, muito negra.

Depois de me dar conta que estava jogando o jogo "Eu nunca poderia...", fiquei fascinada ao entender como o poder de nossas palavras e o fato de ser otimista ou pessimista afeta nossa vida. Estudos têm demonstrado que, quando repetimos algo diversas vezes (interna ou externamente), começamos a acreditar nisso. O que sai de sua boca molda a forma como você se sente... é o que define suas atitudes... e o que afeta seus resultados.

A arte da esperança

Passei anos me convencendo de que minha vida estava amaldiçoada e, sinceramente, fiquei tão boa no papel de dramática e de vítima que não sabia ao certo como poderia mudar. Richard Bach disse: "Defenda suas limitações e, certamente, elas serão suas".

Então, com 20 e tantos anos, quando comecei a adentrar o mundo do desenvolvimento pessoal e ouvi que era possível se preparar para apreciar o lado bom da vida, fiquei cética. Se fosse possível escolher ser positivo, você acha que todos fariam isso?

Bem, acho que não.

Talvez, assim como eu, você tenha a tendência de focar os aspectos mais obscuros da vida, pensando sempre nas coisas ruins que podem acontecer quando está prestes a investir em um novo empreendimento comercial ou iniciar um novo relacionamento. Eu costumava dizer a mim mesma que a véspera de Ano Novo era uma noite amaldiçoada e que as coisas sempre davam errado nessa noite: tive o desgosto de ter levado um fora três vezes na véspera de Ano Novo para provar que aquilo que você acha que acontecerá realmente acontecerá. Estava acostumada a estar sempre à procura de coisas que estavam dando errado, então o

SUA PALAVRA É SUA VARINHA

Universo sempre me entregava isso. Lembre-se de que seus pensamentos se tornam realidade, e eu estava mentalizando todas as coisas, mas pelas razões erradas e da maneira errada.

Talvez, assim como eu, você tenha aceitado que nunca conseguirá ter o corpo para o qual está trabalhando mesmo antes de começar uma nova dieta ou um novo programa de exercícios. Talvez a ideia de que as coisas não darão certo a impede de entrar em um novo relacionamento. E talvez os fracassos anteriores tenham provado que você estava certa ao pensar que as coisas nunca poderiam dar certo; é por isso que você é uma jogadora fiel do jogo "Eu nunca poderia...". Como eu disse anteriormente, nossa mente é projetada para nos manter seguros, e não para nos fazer felizes. Isso significa que é mais provável que você pense primeiro nos riscos que pode correr em vez de nas recompensas que a ajudarão a seguir em frente.

Mas sejamos realistas: no mundo moderno em que a maioria de nós vive, é muito pouco provável que sejamos atacados por tigres enquanto fazemos a compra da semana no mercado, ou por ursos a caminho da aula de ioga. Parece ser perda de tempo e de energia estar constantemente avaliando os riscos.

Não me interpretem mal, é bom pensar nos riscos em algumas situações. Por exemplo, eu gostaria de ter avaliado os riscos antes de pegar o microfone em meu casamento e xingar todas as pessoas que não estavam na pista de dança — foi uma maneira bastante eficiente de afastar toda minha nova família apenas uma hora depois de passar a fazer parte dela. Porém, pensar nos riscos não é tão bom se usado como um padrão. Por quê? Porque o pensamento negativo leva à conversa negativa, e a conversa negativa quase sempre leva a comportamentos negativos.

O psicólogo norte-americano Martin Seligman, contudo, se atreveu a sugerir que novos comportamentos poderiam ser aprendidos por qualquer pessoa, se elas empregassem novas estratégias cognitivas; ou seja, se você criar um hábito com uma nova forma de pensar e falar, conseguirá reverter uma mentalidade pessimista. Seligman mostra que a maneira

TOME UMA ATITUDE, PORRA!

como você explica as situações e os desafios que enfrenta (atuais e futuros) determina se você é uma pessoa "copo meio cheio" ou "copo meio vazio". Isso significa dizer que, se você mudar a maneira como explica as coisas que acontecem em sua vida, sua posição pode, de fato, mudar de pessimista para otimista.

O dicionário *Merriam-Webster* traz uma definição clara de otimismo: "esperança e confiança em relação ao futuro ou ao sucesso de algo." Por outro lado, a definição de pessimismo é: "uma tendência de enxergar o pior aspecto das coisas ou de acreditar que o pior acontecerá."

Seligman sugere que você estude as conversas internas que acontecem dentro de sua mente, a fim de determinar sua atitude em relação à vida em geral. Portanto, se você aprender a alterar consistentemente seu diálogo interno — ou, como Seligman chama, seu estilo explicativo —, aprenderá a reagir de forma otimista com mais frequência.

Eu não achava que era pessimista até analisar minhas conversas interna e externa com um microscópio enorme e, embora tivesse uma disposição entusiasmada, a maneira como eu falava rapidamente indicou que eu era muito mais pessimista do que jamais havia imaginado. Eu tinha um trabalho sério pela frente. Do ponto de vista espiritual, quando mudamos nossa maneira de falar, mudamos nossa vibração — e, ao chegarmos a esse ponto deste livro, garota, você deve ter total clareza a respeito do resultado sobre a mudança de sua vibração. A maneira como você pensa a respeito de um evento determina como você reage a ele. E como você reage a ele determina o resultado obtido.

De forma poderosa, a maneira como você pensa a respeito de um evento passado determina como você reagirá a eventos futuros e, assim, molda o espírito com que encara a vida. Se você vivenciou uma série de relacionamentos fracassados, é mais provável que pegue essas experiências, dê um sentido negativo a elas e, subconscientemente, registre a visão de que todos os seus relacionamentos futuros não darão certo. Essa é uma maneira irracional e prejudicial de se pensar, pois você tem o poder de mudar completamente todos os seus relacionamentos futuros e manifestar um relacionamento duradouro, feliz e gratificante, se optar por acreditar e pensar positivamente.

As três dimensões

Há três dimensões que você deve considerar ao decidir onde está em uma escala de atitudes:

- Permanência
- Dominância
- Personalização

Vamos analisar cada uma delas.

Permanência

A primeira coisa é quão permanente você considera que as situações sejam. Uma de minhas falas favoritas era: "As dietas nunca funcionam". Como você pode ver, isso é bastante pessimista, pois eu usava a palavra "nunca". Acreditar que os eventos ruins continuarão a acontecer e pensar em coisas ruins em termos de "sempre" e "nunca" indica que você tem um estilo explicativo pessimista.

Um otimista veria a dimensão da permanência de uma maneira muito menos absoluta, como um contratempo temporário, por assim dizer: "As dietas nunca funcionam quando como fora de casa". Como você pode ver, o otimista reage à situação com a noção de que ele está no poder e isola o fato de jantar fora de casa de todo o restante da dieta. É muito importante que você entenda que o contrário também se aplica. Pessoas pessimistas também enxergam as coisas boas que acontecem como temporárias. Um pessimista pode dizer coisas como: "Hoje é meu dia de sorte", o que significaria que todos os outros não são.

Eu não queria ser pessimista e, em virtude de o pessimismo ser determinante para a depressão, fiquei feliz em me livrar dele. Os pessimistas reagem a contratempos assumindo que não têm controle sobre os eventos e assumem uma característica chamada "desamparo aprendido", reagindo a todos os eventos com os paradigmas: "Eu desisto" ou "Não importa o que eu faça, tudo dá errado".

Esse desamparo aprendido torna-se um mecanismo automático e, se você deixar ele tomar conta, pode ter efeitos devastadores. Os pessimistas consideram que os eventos ruins são inevitáveis, durarão muito tempo, minarão tudo o que fizerem e, ainda, que ocorrem devido a uma fraqueza profunda deles que não podem mudar. Se você diz a si mesma com frequência que não existe solução para determinado problema (uma atitude pessimista), provavelmente não conseguirá resolver esse problema. É fundamental entender que mesmo as pessoas mais otimistas se sentirão momentaneamente impotentes diante de algo ruim, mas é o nível da capacidade de recuperação desse contratempo que separa as pessoas "copo meio cheio" das "copo sempre vazio".

Dominância

A segunda dimensão a considerar, ao avaliar seu nível de pessimismo, é se você considera ou não que o contratempo é específico a uma situação em particular. Isso é conhecido como dominância. Algumas pessoas podem deixar seus problemas de lado, amontoados em uma caixa, e seguir com o resto de suas vidas, enquanto outras não.

AS HISTÓRIAS DE ANNIE E MATTHEW

Annie pode ter problemas em seu relacionamento, mas deixará isso de lado quando estiver no trabalho e realizará bem sua função. Já Matthew transformará tudo em uma catástrofe. Quando ocorre um corte metafórico em sua vida, ele espalha sangue para todos os lados. Matthew desiste de tudo, mesmo que tenha fracassado em apenas uma área de sua vida. É por isso que o desamparo aprendido é um dos indicativos mais fortes da depressão, pois faz com que você se sinta constantemente vulnerável, com medo de ser atacada e a impede de enxergar as oportunidades de ser feliz.

Personalização

A última dimensão do estilo explicativo para determinar seu nível de pessimismo é decidir se um problema é interno ou externo. Quando coisas ruins acontecem, podemos culpar a nós mesmos ou as influências externas. Isso é chamado de personalização.

A HISTÓRIA DE KEVIN

Kevin se culpava por estar sempre lutando para construir um negócio de sucesso. Ele internalizava o problema e se culpava por ser estúpido, em vez descobrir a solução. Isso o levou a ter baixa autoestima. Kevin falava consigo mesmo como se estivesse falando com seu pior inimigo.

É importante observar, no entanto, que nossa intenção não é culpar os outros pelo que acontece conosco e que, do ponto de vista espiritual, precisamos assumir total responsabilidade por nossa jornada. Então, farei uma ressalva aqui: assumir a responsabilidade por uma situação e culpar a si mesmo são coisas muito diferentes. Enfim, você quer mudar; portanto, é muito importante assumir a responsabilidade de fazer essa mudança, *sem levá-la para o lado pessoal* como Kevin.

A responsabilidade é sua capacidade de enfrentar um desafio com controle sobre ele e tendo como resultado o crescimento pessoal. Aceitar o fracasso como parte de uma curva de aprendizado é o segredo para não internalizar as coisas do ponto de vista negativo. Assumir a responsabilidade lhe dá a oportunidade de se aprofundar e encontrar uma solução dentro de você, em vez de se culpar.

Então, como você pode ver, há mágica e mérito em aprender a tirar sua capa pessimista e passar a usar uma mais positiva perante a vida, com todos os glitters e rendas que quiser. Essa nova capa a salvará do desespero de enxergar contratempos como permanentes e desafios da vida como catástrofes. Por fim, usar a capa da positividade com orgulho e aprender a ser otimista é um superpoder quando se trata de criar a vida de seus sonhos.

Vamos esclarecer uma coisa: acredito muito em falar de forma positiva e no poder das afirmações, mas isso não significa que você pode sair por aí alegre, ignorando os riscos de um empreendimento futuro. Você não deveria gastar suas economias em um investimento arriscado e usar a justificativa de que é melhor ser otimista ou que é melhor iniciar um novo negócio em um setor que você nem sequer conhece apenas porque criou uma série de afirmações em sua mente. O poder do otimismo aprendido é lhe ensinar a pensar nas coisas que acontecem com você de maneira diferente, o que a leva a falar sobre elas de maneira diferente e, por sua vez, a leva a tomar atitudes diferentes, que resultam em algo também diferente. Resumindo, você estará dominando a arte da esperança.

Você tem o poder...

As palavras ao seu redor

Além de mudar a maneira como você fala, é importante observar as palavras ditas ao seu redor, pois elas afetam diretamente sua atitude positiva ou negativa. Uma das coisas mais assustadoras que comecei a observar foi a quantidade de absoluto pessimismo e negatividade de que eu estava cercada no dia a dia. Todas as vezes em que eu ligava o rádio, ouvia notícias de mais um ato terrorista. Todas as vezes em que entrava no Facebook, havia alguém reclamando sobre o estado medonho da política. Todas as vezes em que ligava a TV, havia outro reality show mostrando mais corações partidos e parceiros traidores. Para qualquer lugar que eu olhasse, havia uma oportunidade de ver o mundo como uma merda de lugar. Percebi a enorme quantidade de fofocas em que as pessoas ao meu redor se envolviam, as declarações repetitivas sobre como seu trabalho era chato e as queixas intermináveis de que tantas pessoas estavam descontentes com suas vidas. É fácil enxergar por que a depressão é uma doença tão comum.

Comecei a pensar em como o mundo seria diferente se as estações de rádio transmitissem, a cada hora, notícias compartilhando sucessos e celebrações em vez de desastres. Os seres humanos parecem estar obcecados em observar a dor dos outros. Não é um pouco doentio gostar de assistir a filmes de terror e procurar esse tipo de entretenimento? E estou falando como uma pessoa que costumava amar filmes de terror. Com 14 anos, uma criança já viu, em média, pelo menos, cinco pessoas mortas na TV. Toda vez que assistimos a esses programas, um baixo nível de cortisol (hormônio do estresse) é liberado em nossas correntes sanguíneas, o que significa que estamos em constante estado de estresse de baixo nível. Isso, por sua vez, tem efeitos adversos em nossa saúde e em nosso corpo, além de afetar nossa energia e vibração.

Uma das primeiras coisas que fiz quando iniciei minha jornada para mudar de vida foi parar de ouvir notícias, assistir a qualquer canal de TV que me deixasse triste ou com raiva e me desconectar de qualquer pessoa no Facebook que tivesse costume de escrever coisas negativas. Também escolhi não manter contato social com pessoas que gostavam de fofocar ou de reclamar em vez de ter uma conversa significativa.

Essa decisão consciente de ser supercuidadosa com o que eu deixava entrar em minha mente foi, para mim, uma enorme recuperação do controle de minha vida. Algumas pessoas me julgaram por isso, dizendo que me desligar do mundo "real" era, na verdade, uma espécie de egoísmo. Mas desligar o fluxo constante de negatividade não significa que não me importo com o que está acontecendo. Muito pelo contrário: se nos mantivermos em um estado negativo que nos impede de alcançar todo nosso potencial, certamente não conseguiremos fazer a diferença no mundo e ajudar a solucionar problemas.

Na área pessoal, essa limpeza de consciência e a decisão de afastar a negatividade de minha vida também foram libertadoras, pois me ajudou a me tornar uma pessoa mais feliz, a aumentar consideravelmente minha

OS PRINCIPAIS APRENDIZADOS

- Seus diálogos internos e externos são ótimos indicadores de como você encara a vida.

- Você precisa estudar as conversas internas que acontecem dentro de sua cabeça, a fim de determinar suas atitudes em relação à vida de forma geral — o psicólogo norte-americano Martin Seligman chama isso de seu "estilo explicativo".

- Existem três dimensões a serem consideradas ao decidir onde você está em uma escala de atitudes: permanência, dominância e personalização.

- Esteja ciente do que você deixa entrar em sua mente: as palavras ao seu redor estão moldando sua fala.

- Ser positiva não significa ser estúpida ou avessa ao risco. Apenas significa que você procura oportunidades de crescimento e enxerga os desafios por meio das lentes da possibilidade.

TUAP!

Analise sua fala

Quero que você me mostre como fala consigo mesma. Pegue um pedaço de papel ou use a seção de anotações ao final deste livro, pois tenho uma pequena tarefa para você.

SUA PALAVRA É SUA VARINHA

Quero que você pense em uma área de sua vida em que não é feliz — talvez seja sua renda, sua saúde física ou seu relacionamento. Seja o que for, guarde na memória essa área da vida com a qual você não está contente. Agora quero que diga em voz alta: "Não é bom o suficiente."

Em seguida, quero que você escreva estas palavras: "Isso significa que sou..." e complete a frase. O que realmente significa para você não estar ganhando o suficiente, seu casamento estar em crise, ou você não estar cuidando de seu peso?

Por exemplo:

- "Isso significa que sou um fracasso total."

- "Isso significa que sou uma perdedora."

- "Isso significa que estou desapontando minha família."

- "Isso significa que sou idiota."

- "Isso significa que não sou digna de ser amada."

- "Isso significa que sou preguiçosa."

- "Isso significa que sou feia."

Escreva o que vier à sua mente.

É importante que você se permita escrever tudo o que vem à mente. Essa tarefa extremamente poderosa a ajudará a começar a reconhecer seu diálogo interno negativo e o quanto ele é prejudicial para você. Permita-se realmente *sentir* as palavras enquanto as escreve.

Agora olhe para sua lista e imagine uma criança pequena prestes a se levantar para desempenhar o papel principal em uma peça; então sua professora começa a criticar todos os aspectos de sua atuação, e ela se vê em uma emboscada. Por que essa criança ficaria feliz e empolgada com sua atuação depois de ouvir que é uma perdedora ou uma fracassada? Você acha que ela conseguiria dar seu melhor? É claro que não, e é por isso que o diálogo interno negativo é altamente prejudicial e reforça a conexão negativa com as crenças mentirosas que você criou sobre si mesma.

Agora, quero que você transforme todas as conversas negativas que tem consigo mesma em afirmações positivas. Se continuar dizendo a si mesma que não é inteligente o suficiente para iniciar um negócio, transforme isso em: "Sou uma empresária incrível e inteligente o suficiente". Pegue seu telefone e grave cada uma das afirmações. Quero que você repita essas afirmações positivas sete vezes. Depois, ouça-as todas as manhãs e todas as noites.

9

Nem Todo Carma é Criado da Mesma Forma

O carma é registrado e equilibrado pelo Universo e este nunca esquece. Os pensamentos, as emoções, as palavras e as atitudes amorosas são créditos. Os negativos, débitos.

O carma é uma merda, você provavelmente já ouviu isso. Pode ser que sim, mas o carma não tem a ver com punição e não deve ser encarado dessa maneira. É uma poderosa troca de energia que nos mantém em constante aprendizado. Toda vez que pensamos, falamos ou agimos, estamos colocando energia no mundo, a qual, depois, é refletida de volta para nós. O carma é tanto uma ação quanto sua consequência; é causa e efeito simultaneamente, porque toda ação gera uma força de energia que retorna para nós. Para simplificar, significa isto: "Dê alguma coisa, e isso será entregue de volta a você".

Somente acreditar no carma e não agir de acordo com essa crença não surte um efeito real. É tão útil quanto acreditar em uma alimentação saudável sem mudar a dieta que prejudica a sua saúde. Você deve ter um entendimento claro sobre o carma e aplicá-lo à sua vida para encontrar paz e felicidade dentro de si. Quando fui a Los Angeles pela primeira vez, em 2015, fiquei bastante chocada ao ver tantos sem-teto. Em cada esquina, havia diversos deles. O que sempre achei bastante angustiante é a atitude das pessoas em relação aos sem-teto e a resistência em lhes dar dinheiro com o argumento de que "será usado apenas para comprar drogas". Eu realmente acredito que ninguém escolhe viver assim, e é preciso exercermos a compaixão.

Uma noite, passamos por um homem deitado na calçada e minha filha, que tinha 3 anos na época, perguntou, triste, por que aquele homem não tinha cama. Quando expliquei a ela que nem todos têm uma casa, ela me perguntou se poderia dar sua maçã para ele. Eu disse a ela que podia, é claro, e meu coração se encheu de amor por sua bondade. Ela deixou a maçã perto da cabeça dele com um sorriso no rosto e fiquei agradecida por minha filha ter compaixão. Mais tarde naquele mesmo dia, ela perguntou se poderíamos dar mais maçãs aos sem-teto, e, de bom grado, nós a ajudamos em seu empreendimento.

Foi uma atividade divertida, com muitas reações diferentes. O primeiro homem para quem ela apontou carregava uma placa com a inscrição clara: "Não me dê dinheiro, me dê drogas". Acho que uma maçã não serviria para ele e, como eu não tinha crack, passamos para o próximo. Ele ficou feliz em receber a maçã e nos agradeceu pela gentileza. Continuamos andando, e Layla apontou para um sem-teto sentado em um ponto de ônibus. Fui até ele e disse: "Ei, você aceitaria uma maçã?". Ele olhou para mim fazendo uma careta e depois abriu a boca, exibindo suas gengivas: "Não tenho dentes, me dê dinheiro". Apesar do fato de ele ter sido rude, vasculhei minha bolsa, lhe entreguei uma nota de 5 dólares e saí. Silenciosamente, eu o abençoei e torci para que ele gastasse o dinheiro com sabedoria.

Decidi que, sempre que vir alguém que precise de ajuda, eu tentarei ajudar essa pessoa. Quero que meus filhos aprendam a ter compaixão e sempre digo a eles que, quando fazem algo bom, isso volta para eles de alguma forma.

Eis outro exemplo do carma fazendo seu trabalho. Eu estava em um trem, voltando da universidade. Estava com uma barriga de grávida enorme, muito cansada e apenas queria dormir. O funcionário que recolhe o ticket veio até mim e eu lhe disse que havia passado direto pela catraca porque o trem estava saindo e que precisaria comprar meu ticket no trem mesmo. Ele pegou meu cartão, passou e me disse que foi recusado. Eu tinha mais de 10 mil libras nessa conta, então sabia que havia algo de errado. Como era um daqueles funcionários que não perdoam, ele me disse que eu precisaria descer na próxima parada, encontrar um caixa eletrônico e, depois, pegar o próximo trem.

"Você está falando sério?", exclamei.

"Sim, se você não pode pagar a passagem, precisa descer."

Senti meu coração gelar. Estava exausta e também perderia o horário de dormir das crianças. Senti vontade de xingá-lo ou de atirar meu cartão nele; fiquei desesperada, mas, naquele momento, aconteceu algo incrível. A mulher que estava sentada atrás de mim abanou uma nota de 5 libras, a mulher a meu lado abriu a carteira cheia de trocados e o homem à minha frente lhe deu seu cartão. Todas essas pessoas interromperam nossa conversa para dizer que me ajudariam. Meu coração foi tomado pela bondade deles. Agradeci profundamente a todos e também ao meu carma por voltar para mim dez vezes melhor.

Veja bem, o carma pode ser seu melhor amigo se as ações que você pratica são feitas com amor. Independentemente de gostarmos ou não, tudo o que acontece em nossas vidas é resultado de uma escolha que fizemos no passado. Pratique o bem, e você receberá o bem de volta; pratique o mal, e você receberá o mal de volta. É simples assim!

O carma é registrado e equilibrado pelo Universo e este nunca esquece. Pensamentos, emoções, palavras e ações amorosos são créditos. Os negativos, débitos. E o carma sempre mantém essa receita. Ele é convocado pelo Universo quando menos esperamos. Quando não temos consciência do carma, nós o chamamos de destino ou de sorte. Você pode não receber seu carma esta semana ou mesmo este ano — pode demorar até uma década para recebê-lo —, mas ele sempre vem. Até o carma ruim pode nos ensinar lições muito boas, e é nosso trabalho aceitar a Inteligência Universal ao fazer exatamente o que precisamos fazer, a qualquer momento. O carma ruim traz algumas lições que devemos aprender para pagar uma dívida com o Universo.

Muitas vezes, os despertares espirituais ocorrem após um período de muita dor, e foi exatamente isso que aconteceu comigo. Para superar as mentiras que o Ego cria, pode ser que você tenha que perder o emprego ou todo seu dinheiro, experienciar a perda de alguém próximo ou uma traição de alguém que você ama, ou, ainda, lutar contra um forte vício. A mentira que meu Ego criou foi o medo de não ser boa o suficiente, o que resultou em ansiedade. Posso dizer categoricamente que os desafios que o carma ruim pode lhe trazer servem apenas como uma *oportunidade* para você se voltar para dentro de si.

A escolha é sua

Em todos os momentos de nossas vidas, nos deparamos com um mar de possibilidades, em que temos acesso a infinitas opções que trarão diferentes resultados. No entanto, embora tenhamos o poder de controlar nossas escolhas, nos transformamos em robôs com reflexos condicionados, os quais são desencadeados por pessoas e eventos, resultando em um comportamento previsível. Isso acontece inconscientemente. Assim como os cães de Pavlov, respondemos a estímulos, mas, como nossas respostas são muito automáticas, nos esquecemos de que essas são as escolhas que nós estamos fazendo. (O fisiologista russo Ivan Pavlov é famoso por demonstrar que, quando você alimenta um cão todas as vezes em que toca um sino, ele começará a salivar quando você tocar um sino, mesmo sem lhe dar comida. Não muito diferente, os seres humanos têm uma resposta previsível e repetitiva a determinados estímulos em nosso ambiente.)

A melhor maneira de entender e maximizar o uso da lei cármica é tornar-se consciente das escolhas que você faz a cada momento. Se eu a chamasse de completa perdedora, você provavelmente escolheria ficar ofendida, sem perceber que essa reação foi uma escolha. Se eu lhe dissesse que você é a melhor coisa que inventaram desde o *crème brûlée* vegano, provavelmente tomaria isso como um elogio e me agradeceria. De qualquer forma, ainda é uma escolha, mesmo que a resposta seja automática.

Como parte de sua jornada de mergulhar fundo em sua Alma, você precisa se comprometer e começar a *testemunhar* suas escolhas. É essa consciência que lhe dará a sensação de empoderamento e um sentimento repentino de controle ao levar esse processo inconsciente para o reino do consciente.

Quando for fazer uma escolha, pergunte-se duas coisas:

Primeiro: "Quais são as consequências da escolha que estou fazendo?".

Se você parar um segundo para analisar, saberá imediatamente quais são essas consequências. Existe um mecanismo muito poderoso no Universo que a ajuda a fazer escolhas certas de forma espontânea. Isso é conhecido como intuição, que acredito ser um dos melhores superpoderes que os seres humanos têm. (Abordaremos isso com mais detalhes no Capítulo 10.)

Esse superpoder tem a ver com as sensações em seu corpo. Ou seja, seu corpo experimenta dois tipos de sensações: a sensação de conforto e a sensação de desconforto, a qual é frequentemente sentida em seu estômago. Sim, aquela sensação de frio na barriga que todos conhecemos, mas que algumas pessoas são céticas demais para seguir. Para alguns, a sensação de conforto ou desconforto está na área do plexo solar, mas, para a maioria das pessoas, está na área do coração. De forma consciente, foque sua atenção em seu coração e pergunte a ele o que fazer. Depois aguarde a resposta — uma resposta física, na forma de uma sensação. Pode ser uma sensação muito fraca, mas ela estará lá.

A segunda pergunta a ser feita é: "Essa escolha que estou fazendo agora trará felicidade para mim e para as pessoas ao meu redor?". Se a resposta for afirmativa, prossiga com ela. No entanto, se essa escolha for causar angústia para você ou para as pessoas ao seu redor, não a faça. Simples assim. Existe apenas uma opção dentre todas as infinitas opções disponíveis a qualquer momento que resultará em felicidade para você e para as pessoas à sua volta. Quando você faz a escolha certa, isso resulta em uma resposta certa para todas as situações que ocorrem. É o comportamento que a nutre e também a todas as outras pessoas que serão influenciadas por essa ação.

Ativando o carma bom

Como você ativa um carma bom? Você precisa ser positiva e ter respeito próprio, o que significa assumir a responsabilidade por suas atitudes e respeitar as atitudes das outras pessoas. Você também deve se oferecer para corrigir seus erros, oferecer seu perdão, compartilhar conhecimentos e ser compassiva. Por fim, quando se trata do resultado de uma ação, a intenção por trás dela é mais importante do que a ação em si.

Duas pessoas podem executar uma mesma tarefa com intenções diferentes. Uma pessoa pode iniciar um negócio lucrativo com o único motivo de ajudar os clientes a satisfazerem uma necessidade, enquanto outra pode vender um produto simplesmente por dinheiro e ganância. A diferença é que o primeiro alcançará resultados positivos. Quanto mais você se conscientiza de suas escolhas, mais espontaneamente fará as escolhas certas — tanto para você quanto para as pessoas à sua volta.

Você tem a opção de criar aquilo que deseja, sabendo que tudo no Universo opera com base em uma troca. Toda relação é baseada em dar e receber, pois estes são diferentes aspectos do fluxo de energia no Universo. Pegue como exemplo a palavra "moeda", que usamos para descrever o dinheiro. Se observarmos sua etimologia, descobriremos que ela deriva de uma palavra latina que significa "correr" ou "fluir". O dinheiro é um símbolo da energia vital que damos e da energia vital que recebemos como resultado do serviço prestado a outras pessoas. A circulação mantém essa energia viva e vital e, se pararmos sua circulação, ela estagnará. Então...

- Se você quer ser valorizada, aprenda a valorizar.
- Se você quer mais dinheiro, ajude outras pessoas a ganhar mais dinheiro.
- Se você quer receber amor, aprenda a dar amor.
- Se você quer ser abençoado com abundância, aprenda a silenciosamente abençoar todos os outros com abundância.

Quanto mais você dá, mais recebe, porque o Universo sempre retribuirá sua doação. Ao ter disposição para oferecer o que você procura, manterá a abundância do Universo circulando em sua vida. E a melhor parte é que mesmo um pensamento ou uma simples bênção tem o poder de transformar. Isso muda seu mindset de escassez para abundância.

Nesse mundo agitado, em que estamos preocupados apenas com nós mesmos, reservar um momento para dar um presente a todos com quem entramos em contato pode parecer um exagero, mas é a melhor maneira de testar como o Universo funciona.

Você pode estar pensando: "Como posso dar aos outros quando não tenho o suficiente?". Antes de começar a gritar comigo, *não* estou sugerindo que você compre cafés para distribuir a estranhos na fila do café local. Presentes não precisam ser coisas materiais. Um elogio não custa um centavo, mas pode fazer o dia de alguém valer um milhão de dólares. Lembre-se de todas as coisas incríveis que você recebeu em sua vida sem nunca ter solicitado. Essa é a forma diligente como o Universo trabalha em segundo plano.

Pagando a dívida cármica

Digamos que você tenha feito algumas coisas no passado das quais não se orgulha e se sente apreensiva com a merda que será jogada no ventilador no futuro. Bem, estou aqui para informar que existem algumas maneiras de zerar sua dívida com o Universo.

A opção número um é acertar as contas recebendo o mesmo sofrimento causado por sua dívida cármica e aprender as lições que o sofrimento pode trazer. Sim, aceite isso, amiga. A opção número dois (que provavelmente será mais atraente) é acertar o pagamento mais para a frente, usando seu dharma. Você tem um presente único com o qual pode servir ao mundo, e é seu dever entregá-lo. Esse é seu dharma. Enquanto o carma é o que você faz para chegar ao objetivo final (todas as escolhas que a levam a esse objetivo), o dharma é seu propósito nesse mundo — é o objetivo final. Isso faz sentido? Os dois conceitos, ou as duas forças, estão associados. Veremos mais sobre o propósito no Capítulo 10.

Sua criança interior está fazendo suas escolhas?

Vou usar a história de uma cliente para mostrar o efeito profundo que a consciência de suas escolhas pode ter.

A HISTÓRIA DE HANNAH

Hannah se desentendeu com uma pessoa que a acusou de ter feito algo que ela não fez. Hannah reagiu imediatamente com raiva e resistência, ficou chateada e magoada. Ela passou dias pensando nesse acontecimento, o que a deixou esgotada, e ela não conseguia entender por quê, mesmo não estando mais em contato com essa pessoa, isso ainda a afetava tanto.

Quando conversamos, perguntei por que ela estava fazendo a escolha de se sentir assim. Eu sabia que esse sentimento estava sendo desencadeado por algo muito mais profundo e enraizado, e perguntei a Hannah se ela se lembrava de algum momento, em sua infância, em que havia sido acusada de algo que não havia feito, o que induzia a esse mesmo sentimento. Quase imediatamente, ela se lembrou de detalhes vívidos de um episódio quando tinha 6 anos, em que foi acusada pelo diretor da escola de fazer algo que não havia feito e foi suspensa por uma semana. Seu forte sentimento a respeito do acontecimento atual estava sendo motivado por sua criança interior e por essa história antiga.

Assim que Hannah percebeu o que estava acontecendo, ela teve a opção de deixar sua criança interior comandar a situação e agir de uma maneira da qual ela se arrependeria mais tarde, ou tomar consciência e escolher reagir à situação de forma mais adulta. Eu a ajudei a escolher acionar sua Alma, a lidar com toda essa merda como uma guerreira e a não deixar seu Ego enlouquecê-la. Às vezes, é fácil sentir como se não fosse possível controlar as reações porque elas são muito fortes, mas estou aqui para lhe dizer que você tem uma escolha, e essa escolha afetará o resultado final.

Hannah decidiu perdoar dentro de si a pessoa que a havia injustiçado e tomou a decisão de abandonar o drama e dar à sua criança interior o amor que ela merecia. Hannah me disse que se sentiu imediatamente mais leve. Alguns dias depois, a mulher que a havia acusado se desculpou e perguntou se elas podiam seguir em frente.

Quando mudamos nossa energia e nos tornamos conscientes de nossas escolhas em vez de percorrer a jornada no piloto automático e deixar nossos sentimentos ou a criança interior assumirem o controle, tomamos de volta nosso poder. Para crescer espiritualmente, precisamos primeiro nos tornar conscientes de nossos pensamentos. Temos controle apenas sobre nós mesmos, sobre o que pensamos e sentimos. Ninguém pode nos fazer sentir de determinada maneira, a menos que permitamos isso. Quando mudamos quem somos, nosso coração, nossa mente e tudo ao nosso redor também mudará.

Seja mais como o caranguejo

Sempre achei os caranguejos criaturas bastante suspeitas, caminhando de lado pela jornada da vida do modo como fazem. O que eu não sabia a respeito deles é que, quando não cabem mais em sua concha, eles a largam e constroem uma nova.

Ouvi uma história maravilhosa sobre um caranguejo chamado Grasper.

A HISTÓRIA DE GRASPER

Um dia, quando a concha de Grasper não lhe serviu mais, todos os outros caranguejos lhe disseram que ele começaria a ouvir vozes e que era para ignorá-las até que sua nova concha aparecesse. Eles queriam que Grasper ficasse parado. Apesar do que sua família e seus amigos lhe haviam dito, Grasper era curioso, então saiu de trás da pedra e foi se aventurar.

Ao fazer isso, ele deu de cara com o maior caranguejo que já tinha visto. Ele então perguntou ao grande caranguejo como havia ficado tão grande. O grande caranguejo lhe disse que o mesmo aconteceria com ele se abandonasse a vida limitada que conhecia e aprendesse a crescer. O caranguejo gigante explicou que um caranguejo cresce na mesma medida do mundo em que vive e do coração que carrega dentro de si. Se Grasper quisesse ser o maior caranguejo, precisaria ampliar seus horizontes. Grasper teve que fazer uma importante escolha: voltar para sua casa pequena e "segura" junto às pedras ou buscar a versão maior de si mesmo.

A lição tirada dessa história é que, se nós, seres humanos, queremos nos tornar a melhor versão de nós mesmos, precisamos optar entre permanecer confortáveis ou deixar de lado nossos velhos "eus", juntamente com nossas histórias mentirosas e nossa mente mesquinha, e ampliar os horizontes. Grasper não queria mais apenas sobreviver; ele queria se libertar e enxergar o que a vida realmente tinha para lhe oferecer. Ele aprendeu que, em vez de viver no piloto automático e seguir todos os outros caranguejos, podia escolher.

A vida espelha tudo o que nos cerca, e o que nos cerca espelha a vida. Essa é uma verdade universal e se aplica a tudo em nossa existência. Precisamos aprender a assumir a responsabilidade por nós mesmos e pelas circunstâncias que criamos. As coisas não são boas nem ruins — são apenas rótulos que colocamos nelas. Tudo o que acontece conosco acontece para nos ajudar, e devemos assumir a responsabilidade nisso para podermos crescer. Não importa o que a levou a chegar a esse ponto; lembre-se de que essa é uma chance de se purificar e se reconectar com seu objetivo mais profundo.

OS PRINCIPAIS APRENDIZADOS

- O carma não é uma coisa ruim ou um castigo e funciona tanto para escolhas positivas quanto negativas.

- A melhor maneira de entender e maximizar o uso da lei cármica é tornar-se consciente das escolhas que você faz a todo momento.

- Seu corpo experimenta dois tipos de sensações: conforto e desconforto (esta, você sente em seu estômago).

- A ativação do carma bom começa por fazer qualquer escolha com boas intenções. Quanto mais você dá, mais recebe.

- Seja mais como o caranguejo e saiba que, para crescer, pode ser que você tenha que deixar de lado aqueles ao seu redor.

TUAP!

Ative o carma bom

Neste exercício de TUAP! você ativará intencionalmente o carma bom. A maneira mais simples e fácil de fazer isso é dar algo aos outros de forma desinteressada, e uma de minhas maneiras favoritas de fazer isso é por meio de "atos aleatórios de bondade".

Durante 24 horas, observe quantas vezes você pode fazer algo a mais. Um ato aleatório de bondade pode ser simplesmente enviar uma bênção silenciosa à pessoa parada em sua frente no caixa do supermercado. Você pode desejar que ela tenha uma boa refeição com a comida que está comprando. Outro ato de bondade pode ser comprar um café para um sem-teto. Ligar para uma amiga e perguntar se ela precisa de ajuda com alguma coisa. Não importa o que será. A ideia é que, durante 24 horas, você preste atenção às pessoas ao seu redor e em como pode fazer algo de bom a elas.

Ter um ato de bondade em relação aos outros resulta em uma mudança química positiva em nosso corpo, assim como no das outras pessoas. Em um mundo em que todos pensam tanto em si mesmos, observe quantas pessoas você pode fazer sorrir apenas por se importar com elas. Vou logo avisando, isso pode ser bastante viciante!

Ser gentil com os outros é fácil, então tome uma atitude, porra! Eu adoraria que você compartilhasse o que fez nas mídias sociais, usando a hashtag #jfdibekind. Vamos nos tornar mais conscientes sobre como podemos fazer a diferença (mesmo que pequena) na vida das pessoas ao nosso redor.

10

O Google Não Tem Todas as Respostas

Rezar é conversar com o Universo; intuição é o Universo conversando com você.

Você está armada de superpoderes dos quais, provavelmente, não está ciente; e eles podem ajudá-la a ter uma vida épica. Falei sobre a capacidade de usar os pensamentos e manifestar desejos para o Universo, mas outro superpoder ao qual, muitas vezes, não é dado o devido valor e que é muito subutilizado é a *intuição*.

Sua intuição é um presente natural e um GPS interno conhecido por diferentes nomes — entre eles, pressentimento, inspiração, ideias, instinto, sexto sentido e frio na barriga. A palavra "intuição" vem do latim *intueri* ("olhar para o interior") e, originalmente, era usada no sentido de realizar uma "inspeção espiritual", de modo que seu significado é algo como "olhar para dentro para obter as respostas". A intuição opera fora dos parâmetros normais da experiência e não pode ser vista, ouvida, cheirada ou provada, mas foi criada para guiá-la incansavelmente em direção à vida que você está imaginando.

Sua intuição é um meio pelo qual seu "eu" mais alto, melhor e mais fodão se comunica com você, e, se conseguir ouvi-la, ela estará sussurrando com uma voz carinhosa... "Tome uma atitude, porra!" A intuição tem um pé na computação cósmica — um campo de pura potencialidade, conhecimento e poder organizador infinito — e leva tudo em consideração. Por vezes, pode até não parecer racional, porém sua intuição tem uma capacidade computacional muito mais exata e precisa do que qualquer coisa dentro dos limites do pensamento racional. É a faculdade espiritual que não necessita de explicação, você simplesmente sabe exatamente o que precisa fazer para tornar a vida de seus sonhos real, e ela a guiará com prazer a cada passo desse caminho.

Empoderada pela Alma

Sua intuição é, literalmente, como se o Universo estivesse telefonando para você ou como se sua Alma estivesse conversando com você. Quando você está em sintonia com ela, está alimentada pela Inteligência Universal, que é a energia mais poderosa que existe: você basicamente se torna "empoderada pela Alma"!

Sua Alma sabe o que você deseja, tem as melhores intenções e está sempre certa. Naqueles momentos em que você sente medo de dar um passo à frente para encarar o melhor da vida, é ela que você quer ter ao lado, segurando sua mão e dizendo para confiar e abraçar o desconhecido. Ela se comunicará com você por meio de um pressentimento que a incentiva a seguir na direção certa. Ela pode ajudá-la a sentir segurança em tempos de caos, encorajá-la a aproveitar as novas oportunidades em tempos de incerteza e levá-la a ter diferentes experiências no mundo, além daquelas que você experimenta com os outros cinco sentidos. E, embora todos tenham intuição, o processo de aprender a confiar nela é outra história.

Já teve um momento em que você sentiu que algo parecia muito estranho para seu gosto? Talvez você tenha sentido algo ruim ao estar perto de determinada pessoa sem saber por quê? Se já experimentou isso antes, você deu de ombros e descartou essa sensação como um absurdo sem nenhuma lógica? Ou talvez tenha acontecido o oposto: você teve a sensação de que *precisava*, de qualquer forma, fazer alguma coisa e acabou sendo a melhor decisão que tomou na vida, porém não consegue identificar *por que* realmente fez o que fez. Quase todo mundo já experimentou algum desses momentos em que o raciocínio inconsciente nos pede para fazer algo sem nos dizer por que ou como.

O problema é que, por tempo demais, o barulho do pequeno Ego irritante abafou os sussurros de sua Alma. O Ego é barulhento. É como uma criança de 2 anos que nunca cresce e bate incansavelmente os pés no chão e chacoalha as mãos até você desistir. O Ego quer que você permaneça sempre preocupado com o mundo, e, ainda assim, o segredo para explorar todo seu potencial e ouvir a orientação que sua Alma lhe dá é aprender a desviar o olhar para dentro de você. Você precisa ignorar a voz enlouquecida do Ego.

Nós, seres humanos, temos a tendência de dar atenção a todos os barulhos que escutamos. O mundo é tão insanamente barulhento que você precisa de um enorme par de fones de ouvido totalmente otimizados, com cancelamento de ruído, para realizar esse trabalho interno de conexão com a Alma. Há o barulho de sua mente, das pessoas a seu redor, de sua cultura, de sua consciência, de suas expectativas. Muitos de nós, na verdade, não tiram um tempo livre em nossas vidas ocupadas, nossas caixas de entrada cheias, das barras de rolagem das mídias sociais, para simplesmente ficarmos quietos, silenciar a cacofonia de ruídos de interferência e deixar nossa Alma nos mostrar o caminho.

Precisamos dar espaço à nossa Alma para ela fazer isso. Ela não continuará lutando sozinha com o Ego. Você precisa lhe dar *permissão* para ocupar o centro do palco de sua mente e dançar nele. Precisa aprender a ignorar os sucessos ou os fracassos do mundo exterior e se comprometer a ser completamente focada e obcecada, de forma saudável, em sua própria jornada.

Mesmo que o Ego tenha mais poder agora, nós vamos mudar isso totalmente neste capítulo. Quando você desperta sua Alma, explora o poder do potencial puro que está adormecido dentro de você. Quando você se torna obcecada por seu crescimento pessoal, relacionado totalmente a você, em vez do crescimento pessoal comparado ao sucesso dos outros, pode começar a manifestar coisas, além de seus sonhos mais loucos.

Como explorar sua intuição

Eu estava dirigindo até um evento, há alguns anos, e ouvindo o audiolivro de Elizabeth Gilbert, *Grande Magia*. Se você ainda não leu ou ouviu esse livro, deve fazer isso. É como uma dose enfeitiçada de um crack unicórnio para a alma. (Para sua informação, o crack unicórnio é uma droga legal.)

Em seu livro, Elizabeth fala sobre como o medo a impediu de escrever seu primeiro livro e como, no final, ela o superou e se tornou uma autora de best-sellers. Enquanto dirigia, senti uma eletricidade estranha percorrer todas as partes de meu corpo. Todos os pelos de meu corpo ficaram arrepiados e parecia que meu sangue estava formigando. Eu tinha esse sentimento poderoso, um *conhecimento* de que deveria e escreveria um livro. Essa é a coisa mais incrível com relação à Alma: ela pode se comunicar com você de diversas maneiras diferentes — por meio da inspiração, de ideias ou, meu favorito, da "cutucada de Deus", mais comumente conhecido como arrepio.

Mas adivinhem? Eu ignorei minha Alma durante um tempo.

"Não seja tão ridícula — você não é ninguém!", meu Ego sussurrava.

Isso foi até o ano seguinte, quando me pediram para ser honesta, muito honesta sobre o que eu queria fazer de minha vida e sobre como eu poderia causar maior impacto no mundo. Então, escrevi em letras grandes e gordas: "ESCREVER UM LIVRO". Sabia que isso era algo que eu tinha que fazer, e era o momento de transformar meus testículos de dama em grandes e gordos culhões.

Tudo bem, o acordo é este: sabemos que é difícil conseguir um contrato para um livro e, em meu mundo, eu não era ninguém. Era apenas uma garota com um grande sonho. Mas sabia que era o que eu queria e deveria fazer. De onde vinha aquela manta quente e reconfortante de simplesmente "saber"? Vinha de minha Alma. Eu estava permitindo que ela brilhasse. Confiei nela como se confia em uma mãe e a ouvi com devoção.

A série de eventos que se desenrolaram depois disso foi milagrosa. Uma vez que você começa a ouvir as cutucadas de sua Alma, passa a enxergar pistas em todos os lugares por que é guiada, ao seguir o que seu coração deseja. Ao admitir que escrever e publicar um livro era o que eu queria, e enquanto elaborava um plano para fazer isso, tinha plena fé de que isso aconteceria — porque sua Alma nunca mente para você. Em momentos em que temos dúvida, ou após uma rejeição, eu sempre pedia um sinal ao Universo, e ele sempre me enviava — era por isso que eu confiava que o Universo se manifestaria e, apesar de minhas chances serem mínimas, recebi a proposta de dois editores.

Todas as vezes em que lembro tudo o que aconteceu naquele ano e como cheguei até aqui, abro um grande sorriso, igual ao do Gato

Risonho de *Alice no País das Maravilhas*. Tudo fez sentido: cada rejeição teve um papel importante em minha vida, para me orientar no contrato do livro, que eu sabia que me permitiria realizar grandes feitos nesse mundo, e para alcançar as pessoas com uma mensagem que, em meu coração, é imensamente importante — que todos podemos mudar nossas vidas se quisermos, e que uma parte importante disso é aprender a definir quem queremos ser, reprogramar nossa mente e ouvir nosso "eu" superior — nossa Alma.

Tudo bem, vou contar como cheguei ao ponto de silenciar o Ego para abrir caminho para minha intuição e como aprendi a confiar nela. É quase tão simples que você vai me odiar. Mas, ainda assim, muitas pessoas não o fazem.

Silencie o barulho

A meditação ajuda a silenciar o barulho do Ego. Você tem uma oportunidade incrível de realmente alimentar sua intuição com solidão e silêncio, mesmo que seja por apenas cinco minutos por dia. Esse período em silêncio permite que sua mente faça uma limpeza e abra espaço para sua Alma se comunicar com você.

Se você nunca ficou sozinha por escolha própria, isso pode ser um pouco chocante. Quando está sozinha, você fica cara a cara com você mesma — com todas as partes de si mesma — de uma maneira bruta. Às vezes, algumas emoções podem surgir de forma inesperada de seu interior. Não se preocupe, isso faz parte do processo de compreensão de quem você é, permitindo que reconheça melhor sua intuição.

A melhor coisa de ficar sozinha é não ter outras pessoas por perto para dizer o que você deve fazer ou quem deve ser. Você tem como companhia apenas você e seu poder de decisão. E, embora seja preciso paciência e prática para permitir que sua mente se silencie, também é incrivelmente libertador.

Elaborei um exercício de meditação para explorar sua intuição; você pode acessá-lo em: www.altabooks.com.br.

Dance em êxtase

Nosso estado mais natural é de alegria e amor. Quando você está nesse estado, está mais conectada à sua intuição e consegue *sentir* mais facilmente que ela está se comunicando com você. A maioria de nós, seres humanos ridículos, é totalmente alheia a esse "estado natural", porque estamos ocupados demais sentindo pena de nós mesmos — porque ou o tempo está chuvoso, ou o tráfego está ruim, ou nosso chefe está agindo como um perfeito idiota. Ficamos totalmente presos às mentiras enraizadas em nossa mente em vez de absorver toda a perfeição que a vida tem para nos oferecer.

Se reservássemos tempo para apreciar o que está à nossa frente, estaríamos gritando "Amém!" de cima de nossos telhados. Esse sentimento de total gratidão é nosso estado natural. Na verdade, é inacreditavelmente fácil explorar nosso estado natural, porque é simples assim; o fato é que nós — seres humanos complexos — apenas não confiamos nele.

Aprendendo a confiar

Um problema que atrapalha nossa intuição é que a mente e o Ego tentarão silenciá-la na maioria das vezes. Tentarão nos convencer a não ouvi-la. O raciocínio lógico, os aspectos práticos e o realismo tomarão seu lugar e desligarão o que parece ser uma orientação "mística" vinda de sua Alma.

Aprender a confiar é *difícil*. É como aquele jogo em que você tem que se jogar de costas e torcer para que a pessoa atrás de você não se esqueça de segurá-la. Às vezes, sua intuição quer que você invista em algo que parece impossível, ou vá a algum lugar que parece estar fora de seu alcance, ou faça algo que, sinceramente, a assusta muito. No entanto, uma vez que você começa a ver as coisas acontecerem, começa a confiar em sua intuição em meio ao caos de sua mente excessivamente condicionada.

Digamos que você esteja em busca de sua Alma Gêmea e acaba namorando alguém que, no papel, preenche todos os requisitos. É engraçado, atraente e gentil e parece ter uma mãe legal que não a deixará maluca se você decidir engatar um romance. Ele é bom no papel, mas há algo dentro de você que diz que esse não é o cara certo. É sua intuição. Você pode ficar com ele por um ano (não há nada de errado nisso), mas, durante o processo, pode ser útil registrar sua experiência intuitiva em um diário, o que fez com ela e em que direção a guiou.

Se você descobrir que ele é um serial killer, ou se ele tiver uma mania estranha de lamber os dedos dos pés, anote isso e agradeça sua intuição por avisá-la antecipadamente (apesar do fato de você a ter ignorado por um tempo). Assim você saberá da próxima vez em que acontecer e poupará um ano de sua vida. Tive uma amiga que sempre conhecia caras que pareciam incríveis e, ainda assim, estranhamente, ela sempre sentia "bandeiras vermelhas" balançando dentro dela. No entanto, isso não a impedia de ir em frente, e ela acabou vivendo anos de sofrimento e desgosto.

Tome uma atitude com base em sua intuição

Eventualmente, você vai querer agir de acordo com sua intuição — ao contrário de minha querida amiga que passou uma década com o cara errado. Você já faz isso, inconscientemente, com pequenas coisas (come quando está com fome e dorme quando está cansada), mas, com sensações mais fortes, é preciso ter um cuidado maior, dar um passo para trás e agir de acordo com esse pressentimento.

Comece pequeno. Se você estiver em um restaurante novo e estiver olhando o menu, escolha o primeiro item que parecer delicioso. Se estiver correndo no parque e sentir que pode dar mais uma volta, dê!

TOME UMA ATITUDE, PORRA!

Faça isso para treinar sua mente, seu corpo e seu espírito e ensiná-los a confiar no sentimento que surge naturalmente. À medida que você se sentir mais à vontade para confiar em sua intuição, comece a usá-la para tomar decisões maiores, como:

- Mudar de profissão
- Começar uma família, ou aumentá-la
- Investir em um curso ou um programa de mentoria
- Dizer adeus aos relacionamentos tóxicos ou
- Fazer as pazes com alguém...

No entanto, lembre-se de que, apesar de você agir de acordo com sua intuição, o medo ainda estará na retaguarda, com sua face assustadora. Ele sempre se faz presente quando você realiza algo considerável e novo, mas, para impedi-lo de se manifestar, recue um pouco, testemunhe sua presença e faça uma declaração verbal de que você escolhe não escutá-lo.

Intuição e dharma (seu propósito)

O caminho mais fácil para alcançar seu propósito é seguir aquilo que a ilumina. Pense no que a faz se sentir animada, viva, acordada. Livros? Comida? Viagens? Ajudar as pessoas? Criar algum tipo de arte? Onde quer que se sinta alegre, é aí que reside seu propósito. Encontre coisas que a encham de alegria e seu propósito a encontrará. Sua Alma se manifesta por meio de suas emoções, então ouça-as!

Não tenha medo de se voltar para dentro de si e de perguntar à sua intuição: Qual é meu propósito? Como posso ajudar o mundo? Como posso servi-lo? Sua sabedoria interior (Alma) lhe dará essa orientação; você só precisa ouvir e ficar atenta. Depois de perguntar e permanecer sintonizada na Universo FM, você começará a enxergar pistas; mas confie em sua intuição. O universo começará a guiá-la na direção certa com criatividade ou ideias que chamo de "downloads divinos". É literalmente como baixar as informações certas de que você precisa diretamente do Universo. Essas ideias a levarão aonde você precisa ir ou a ajudarão a descobrir quais são seus talentos e suas habilidades únicas e como pode usá-los para servir. Às vezes, nossos talentos únicos não nos tornam mais ricos em termos financeiros, mas nos fazem sentir mais felizes e realizados.

Você também precisa se sentir feliz ao abandonar quem costumava ser para se tornar o que você pode ser. Quanto mais cheia de coisas, pessoas e eventos que não lhe servem mais sua vida estiver, menos espaço terá para permitir que o Universo surja com as coisas que, de fato, servirão para alcançar seu verdadeiro propósito. Se você está muito ocupada vivendo uma vida que não a ilumina, deve determinar um prazo para deixar essa rotina de lado. A cada dia, faça uma escolha consciente de abandonar algo que não é essencial, para que sua vida se abra para receber, recarregar e ficar mais alinhada com seu verdadeiro propósito. É por isso que silenciar o ruído e praticar a meditação é fundamental.

Arrumar "espaço em branco" em seu dia é outro fator importante e algo com que todos lutamos. Fazer "nada" é um alimento para nossa Alma (veja bem, assistir a uma série de Netflix não conta como nada!). A qualidade do seu "nada" importa. Estar em meio à natureza é uma das melhores maneiras de criar, aos poucos, esses espaços para o "nada" em seu cotidiano, para trazer mais "ser" para sua vida. Isso lhe proporcionará uma poderosa oportunidade de se alinhar com os ciclos da natureza e da energia do Universo e permitirá que você se conecte com seu ser. Afinal, somos chamados seres humanos, não "fazeres" humanos.

Sinalização espiritual

Se você duvida de sua intuição, pode sempre pedir um sinal ao Universo. Os sinais vêm de duas formas: existem aqueles que você pede e existem as sincronicidades. As sincronicidades, ou "felizes coincidências", ocorrem quando o Universo usa sinais para lhe mostrar que você está no caminho certo — aquele alinhado com seu propósito. Sempre somos guiados para o próximo passo — basta seguir as luzes indicadoras para confirmar que estamos seguindo no caminho certo.

Quero compartilhar a história de quando dei à luz minha terceira filha. Deixe-me começar dizendo que sei que, quando eu precisar de um sinal, ele aparecerá para mim. Desde o ano passado, meu sinal tem sido representado por uma borboleta. Se eu precisar me certificar de algo, perguntarei e ela aparecerá, mas cuidado: o sinal pode não aparecer exatamente como você o imagina.

Eu estava em minha cozinha, com 37 semanas de gravidez, e senti as contrações de treinamento. Sempre sofri com essas contrações, tanto que, quando estava esperando minha segunda filha, meus médicos tinham certeza de que eu entraria prematuramente em trabalho de parto, por isso não fiquei muito alarmada. Mas senti uma vozinha dentro de mim dizer: "É isso mesmo, você está entrando em trabalho de parto."

Eu disse ao meu marido, brincando, que precisava ter certeza, pois seus pais estavam indo a um casamento, e eu realmente precisaria deles sóbrios, no caso de terem que tomar conta das meninas. Então, fiquei parada em minha cozinha e disse em voz alta: "Universo, faça seu trabalho. Me mostre uma borboleta se eu estiver entrando em trabalho de parto."

Levei a salada que havia preparado para a mesa, onde meu marido e minhas filhas estavam sentados, aguardando ansiosamente pelo jantar. Enquanto eu servia a salada, um pequeno pedaço de cebola roxa (parecia roxa) voou para fora da tigela. Fui pegá-lo para colocar de volta na tigela quando minha menina de 3 anos exclamou: "MAMÃE, não espante minha borboleta!"

Eu tinha aprendido que os sinais não precisam ser tão literais e também sabia que o Universo é bastante exibido. Os pelos de meu braço ficaram arrepiados nesse momento em que minha Alma se comunicou comigo, olhei para meu marido e disse: "Puta merda! Acho que estou entrando em trabalho de parto!"

Cinco minutos depois de comer, eu me levantei, fui até a sala de estar e, como se tudo tivesse sido perfeitamente planejado, senti o estalo de minha bolsa se rompendo no meio da sala. "Puta merda! Você realmente se manifesta para mim."

Naquela noite, dei as boas-vindas à minha terceira filha ao mundo, exatamente da forma como eu havia manifestado. Eu queria ter um parto em casa. Queria que fosse à noite, para que minhas filhas fossem dormir. Queria que minha sogra estivesse lá. Queria que fosse calmo e rápido. Tive tudo isso. Pedi o sinal, e ele apareceu.

Às vezes, os sinais aparecem de outras formas. Eles podem aparecer em determinados números que se repetem ou em animais que continuam aparecendo para você (sim, existem animais espirituais!). Se mantiver os ouvidos atentos e os olhos abertos, perceberá que o Universo está sempre se comunicando com você.

OS PRINCIPAIS APRENDIZADOS

- Sua intuição é a maneira como o Universo conversa com sua Alma.

- Você precisa silenciar o Ego para ouvir o que sua Alma está dizendo.

- Você deve praticar a confiança antes de confiar.

- Arrume um "espaço em branco" em seu dia, para que você possa se conectar com sua Alma e com seus valores.

- O Universo sempre encontrará uma maneira de se comunicar com você, se você lhe fizer perguntas.

TUAP!

Documente seus downloads divinos

Mantenha um diário de intuição ou escreva notas em seu telefone. Registre sentimentos e experiências intuitivas semelhantes que você tem dia após dia e semana após semana. Teste sua intuição, fazendo perguntas e observando as diferentes opções e ideias que surgem.

Após um ou dois meses, leia novamente suas experiências intuitivas e observe se existe algum padrão. Você se conhecerá ainda mais e entenderá como a intuição aparece em sua vida diariamente. Sempre aparecerão distrações ao longo da jornada, mas aquele frio na barriga que você sente lhe oferecerá informações que você não encontrará em nenhum outro lugar, e vale a pena nutri-lo.

11

A Gratidão Faz Bem

A gratidão é a maneira mais rápida de sintonizar na Universo FM e abrir caminho para que a cura e os milagres aconteçam e para que seus desejos se manifestem.

Fizemos um trabalho sério juntas e espero que você tenha despertado para uma nova percepção de quem é e das possibilidades que existem por aí. Gostaria que dedicasse um tempo para comemorar o fato de estar aqui, neste momento. Quero que seja grata por ter aproveitado essa oportunidade de crescer.

Enquanto pensava em minha jornada de desenvolvimento pessoal, percebi que tudo se originou com minha mãe. Ela começou a trabalhar em uma empresa de marketing de rede e, de repente, estava colando listas com metas em sua parede, comprando livros às dúzias, andando por aí mostrando descaradamente uma disposição brilhante e sempre tentando nos vender produtos Aloe vera. Honestamente, pensamos que ela havia se juntado a um culto, pois participava de reuniões semanais e tentava recrutar membros desavisados da família para acompanhá-la. Mas ela parecia realmente feliz e, embora pensássemos que estivesse sofrendo uma lavagem cerebral, ela continuou falando sobre o Universo e sobre energia. Algo a respeito do que ela falava certamente me atraiu em um nível subconsciente.

Certa vez, quando estava visitando minha mãe em Surrey, no sudeste da Inglaterra, peguei uma caixa de CDs com um audiolivro de Jim Rohn (Rohn, 1994) que estava na estante dela, ao lado de uma impressionante variedade de livros sobre desenvolvimento pessoal, para ter o que ouvir em minha viagem de três horas de volta para casa, em Yorkshire, ao norte. Esse foi o início de um novo capítulo em minha vida: o marketing de rede salvou minha vida, e a melhor parte foi que nunca tive que vender um produto Aloe vera! Um audiolivro me levou a entender que há muito mais na vida do que eu jamais havia acreditado. E, por isso, sou eternamente grata.

Ser grata

Ser grato é algo que todos podemos fazer, não custa nada, é simples de executar e toma pouco tempo. Este capítulo lhe ajudará a compreender como a gratidão é uma das maneiras mais poderosas de mudar sua energia e atrair o que você quer para sua vida. A gratidão é a maneira mais rápida de sintonizar na Universo FM e abrir caminho para que a cura e os milagres aconteçam e para que seus desejos se manifestem.

A verdade é que todos poderíamos fazer mais ao sermos gratos. Estamos tão aflitos com a síndrome do "E agora?" que nos esquecemos de realmente parar e agradecer pelo que temos diante de nossos olhos. Na verdade, é um dos jogos favoritos do Ego — o jogo "você não tem o que deseja". Realmente, o Ego a convence de que precisa do carro, da casa, da promoção e do dinheiro *antes* de poder ser feliz ou agradecida.

Bem, estou aqui para esfregar na cara do Ego e lhe dizer que, se você começar a ficar obsessivamente grata pelo que tem agora, todas as coisas que deseja serão entregues a você de maneira cem vezes mais fácil. A frequência da gratidão é a frequência do amor, e o Universo é um romântico incorrigível. A gratidão é muito subutilizada na atualidade, pois estamos mais obcecados em seguir em frente do que em dedicar algum tempo para apreciar o momento em que nos encontramos e o que temos agora.

Então como podemos nos tornar obsessivamente agradecidos a cada dia? Pegue um pedaço de papel e faça uma lista de todas as coisas incrivelmente maravilhosas que você tem. Quero que você pense em absolutamente tudo! Esqueça os bens materiais por enquanto e pense no que você *realmente* tem. Se você está lendo este livro, posso dizer que está viva e respirando. Com que frequência você para e agradece por ter ar em seus pulmões?

Esta é sua primeira tarefa: respire fundo, de forma que realmente preencha todo seu pulmão. Faça isso agora mesmo. Agora expire e diga: "Sou grata". Faça isso diariamente.

Se você está lendo este livro, reserve um momento para agradecer por poder enxergar. Se está ouvindo este livro, seja grata por poder ouvir. Eu sugeriria que você lambesse o livro para agradecer pelo fato de poder sentir seu gosto, mas acho que estaria indo longe demais!

O que quero dizer é que realmente fomos presenteados com coisas muito incríveis — coisas a que, muitas vezes, nós, seres humanos, não damos valor. Com que frequência você tira um momento para agradecer pela comida em seu prato, pela água limpa que bebe e com a qual toma banho todos os dias ou pelas pessoas que tem em sua vida? Comecei a agradecer até mesmo por ter contas a pagar. Existem pessoas neste mundo que dariam o braço direito por uma conta de água — uma chance de não ter que andar 25 quilômetros para conseguir um balde de água altamente insalubre. Quando mudei e comecei a ser grata por estar em uma posição que me permite ter esses luxos, minha perspectiva mudou drasticamente.

Não quero deixar um clima pesado. Apenas quero que você comece a perceber a incrível abundância que tem à sua frente, porque, quando fizer isso, criará mais do que deseja. O escritor Eckhart Tolle escreve sobre iluminação espiritual e fala sobre a necessidade de estarmos totalmente presentes e apreciar cada momento com pura alegria, pois tudo o que temos é esse exato momento, e o que temos nesse exato momento é tudo o que temos agora.

Sejamos realistas: com que frequência você diz a seu parceiro, filhos, pais ou amigas que é grata por eles estarem em sua vida? Apreciar verdadeiramente as pessoas à sua volta pode ajudá-la a cultivar relacionamentos como nada jamais fez. Quando pergunto a algumas de minhas clientes qual foi a última vez em que elas compartilharam seu apreço por seus parceiros com eles, a resposta mais frequente é: "Não me lembro". Isso é bastante chocante. Elas se queixam de que seus parceiros não as elogiam ou não lhes dão valor, mas não percebem que não agem com eles da maneira como esperam ser tratadas. A gratidão é uma via de mão dupla!

Praticando a gratidão

Sempre prescrevo um mês de gratidão. Digo a minhas clientes para escreverem uma lista de trinta coisas pelas quais são gratas a respeito de seus parceiros. As dez primeiras virão facilmente à mente; as dez do meio levarão um pouco mais de tempo; e as dez últimas exigirão uma reflexão profunda. Escreva cada uma dessas coisas em um pequeno papel e, todos os dias durante um mês, deixe um bilhete para seu parceiro em algum lugar que ele notará facilmente: no espelho, no travesseiro, na mesa. Não espere nada em troca. Assista à mágica acontecer.

Além de praticar a gratidão por todas as coisas boas que você tem, é preciso treinar para também agradecer quando a vida lhe der uma surra. Sim, é isso mesmo — você precisa agradecer não apenas quando as coisas vão bem, mas também quando elas não vão tão bem assim. Afinal, quando você é grata, muda sua energia e passa a entender que "isso deve estar acontecendo para um bem maior". Quando as coisas parecerem difíceis, desafiadoras ou, até mesmo, devastadoras, continue repetindo: "Sou grata, sou grata, sou grata." Medo, ansiedade e apreciação não podem coexistir.

Além disso, começar o dia dizendo ao Universo que você é grata por ter um dia absolutamente incrível, fará seu dia ser melhor ainda. Chamo isso de "marinar seu dia". Da mesma maneira que eu marino minha comida, gosto de marinar meu dia. Gosto de embeber meu dia com um molho especial de gratidão, para garantir que tudo saia exatamente como gosto. Quando você anuncia para o Universo como deve ser seu dia, abre caminho para que ele seja exatamente como você deseja.

Acrescente estas palavras especiais: "Sou muito grata por hoje ter acontecido algo incrível em minha vida"; sua vibração muda de querer algo para afirmar que já recebeu. Se você observar as palavras que formam essa frase, perceberá que é uma forma de agradecer como se as coisas boas *já tivessem acontecido*. Quando você anuncia sua gratidão dessa maneira, ativa o poder especial por trás disso, que diz: "Está feito". Nas palavras de Stevie Wonder, seria: "Assinado, lacrado, entregue, é seu." O poder é uma força de energia que conversa com o Universo. Essa energia é a *fé*.

"Relaxa, meu"

Vamos voltar para o outono de 2007. Eu estava caminhando até uma pequena barraca em uma praia na Jamaica, morrendo de medo só de pensar em praticar mergulho. O homem cumprimentou a mim e ao meu namorado na época, e nos disse que conseguiria nos levar para mergulhar. No minuto seguinte, fomos levados até um pequeno barco que nem sequer parecia seguro o suficiente para sentar na areia, quanto mais para navegar. Olhei para meu namorado com cara de espanto total, desejando que tivéssemos optado por nos afogar em daiquiris de rum no bar da piscina, sempre tão seguro.

Em que eu havia me metido?

Antes que eu pudesse notar, tínhamos embarcado ao lado de um cara jamaicano, que, tenho convicção até hoje, estava completamente chapado. Aparentemente, ele nos ensinaria a mergulhar. Não me ocorreu que não tínhamos assinado nenhum documento de segurança e que não recebemos nenhum treinamento. No minuto seguinte, estávamos no meio do oceano.

Nunca senti tanto medo. O instrutor, no entanto, estava super-relaxado. Ele continuou dizendo "Relaxa, meu" com um forte sotaque jamaicano, enquanto fazia uma demonstração perturbadora e rápida de tudo que deveríamos fazer e, ao mesmo tempo, colocava o equipamento de mergulho em mim. Porém, eu não conseguia relaxar. Estava convencida de que era assim que eu morreria. Mergulharia no mar do Caribe para nunca mais voltar. Eu me preparei quando ele baixou uma corda na água e apontou para onde eu deveria ir: o fundo do mar.

"RELAXA, MEU."

Nosso instrutor deve ter dito isso um zilhão de vezes; no entanto, meu coração estava batendo tão forte que tentar entender essa baboseira de "respire pelo nariz" parecia quase impossível.

A boa notícia é que, é claro, estou aqui para contar essa história. A má notícia é que quase morri quando meu tanque praticamente foi a zero, em virtude de minha respiração acelerada, o que piorou com a ansiedade de ficar cara a cara com uma arraia. Tudo o que conseguia enxergar era meu namorado fazendo movimentos frenéticos com os braços para tentar me acalmar, enquanto tudo o que eu queria fazer era dar um soco na cara dele por ter sugerido esse passeio ridículo. Nem preciso dizer que nunca mais tentei mergulhar e que esse relacionamento não durou muito.

Então, o que as experiências de mergulho realmente assustadoras e de quase morte têm a ver com manifestação ou sucesso? Bem, você precisa aprender a "relaxar, meu" e confiar no resultado. Para adquirir qualquer coisa no mundo físico, você precisa abandonar seu apego a essa "coisa". Precisa jogar as mãos para o céu, se render e deixar que o Universo faça o que é necessário. Isso não significa deixar de lado a intenção de criar seu desejo. Mas deixar de lado seu apego pelo resultado. Por quê? Porque você sabe, em cada grama de sua Alma, que o Universo o entregará a você.

Portanto, embora eu desejasse sobreviver à experiência do mergulho, fiquei tão apegada ao resultado que não consegui relaxar. O instrutor de mergulho, por outro lado, estava calmo, e agora consigo perceber que ele deveria ser muito espiritualizado.

Isso me fez pensar quantas vezes vivi pensando no futuro, imaginando se conseguiria obter o resultado que queria. Se o cara com quem eu estava namorando há uma semana queria se casar comigo. Se o negócio que eu acabara de montar me daria um milhão de lucro. Se eu conseguiria ter o abdômen tanquinho por meio do novo tratamento corporal que prometia reduzir gorduras em dez minutos. O problema é que, quando estamos sempre vivendo no futuro, pensando "Por que X ou Y ainda não aconteceu?", nossa energia em torno do assunto fica infectada. Você está apegada ao resultado em alguma área de *sua* vida?

Jogue suas mãos para o céu, como se você não se importasse!

Entregue-se ao Universo

Uma das coisas que costumava me prender ao conceito de "entregar-se ao Universo" é sua relação com o estabelecimento de metas. O perigo de cair na armadilha de "Onde está meu...?" é que, todas as vezes que você *tira* de seus pensamentos aquilo que deseja, é como se jogasse uma pedra enorme no caminho do Universo. Isso retarda o processo da manifestação. Você pode estar se perguntando, como eu mesma já fiz, qual é o sentido de ter um desejo se tivermos que nos desapegar dele? Isso não é contraintuitivo?

Uma coisa incrivelmente poderosa acontece quando você levanta as mãos para o céu e age como se não se importasse... isso mostra que você tem fé. Você ainda tem a intenção de atingir uma meta, mas entende que, entre a situação em que se encontra agora e o que deseja alcançar, há infinitas formas de como pode fazer isso. O "como" não é de sua conta, querida — esse é o trabalho do Universo.

Se você combinar intenção e rendição, obterá o que deseja. Dessa forma, estará levando em consideração a mágica da incerteza, o que significa que está aberta a uma mudança em sua jornada no calor do momento, se aparecer uma maneira melhor de alcançar seu objetivo. Além disso, estando aberta ao desconhecido, você renuncia à necessidade de forçar uma solução, e isso a mantém aberta a inúmeras outras oportunidades que possam surgir. Sei que isso é alucinante e um pouco confuso, mas tudo se resume à fé.

Se você tem uma fé inabalável de que existe algo maior e muito mais poderoso do que você para apoiá-la, *sabe* que o resultado que espera simplesmente aparecerá. Você não precisa perguntar a todo momento onde ele está ou se vai funcionar. Quando ficamos apegados a um resultado ou a uma consequência, esse apego se fundamenta na palavra com M de que menos gosto — medo. Essa insegurança ocorre porque não há fé suficiente.

Quando você se der conta de que tem capacidade para criar o que quiser, conseguirá abraçar a incerteza da jornada com mais confiança. Isso a ajudará a manifestar mais rapidamente, pois essa incerteza permite que diferentes opções fluam. Para tornar seus sonhos realidade, você precisa tomar atitudes em longo prazo. Se vale a pena obter algo, vale a pena ter a paciência necessária para consegui-lo.

Lembro-me de colocar no papel que queria dar uma palestra no TEDx. Coloquei em meus planos para que isso acontecesse em 18 meses, período durante o qual eu me prepararia, fazendo algumas palestras mais modestas e outras aparições em filmes, para, mais tarde, avançar para o TED. Meu desejo estava ali, mas eu não estava pensando nele. Duas semanas depois, recebi uma ligação do nada, me pedindo para dar uma palestra no TEDx em dois dias! Eu não tinha nada planejado e entrei em pânico, mas esse é um exemplo incrível de como as coisas podem acontecer espontaneamente quando você está desapegada do resultado.

Como você pode ver, o Universo tem inteligência para orquestrar eventos e entregar o resultado esperado. Mas, quando você fica muito apegada ao resultado, sua intenção fica presa a uma mentalidade rígida, e isso a faz perder a fluidez, a criatividade e a espontaneidade, construídas no campo de possibilidades do Universo.

O desapego também acelera o processo de manifestação em dez vezes, como percebeu no exemplo do TEDx. Quando você incorpora essa noção de se entregar ao Universo e acredita nela, não é necessário forçar soluções. Todas as vezes em que você se pergunta onde está algo ou por que algo ainda não aconteceu com você, jogue as mãos para o céu, chacoalhe-as e expire todo esse apego. Quando você abraça a incerteza como abraça um amor que não vê há muito tempo e a adora, sabendo que o resultado se manifestará, ele a surpreende completamente.

Abraçar a incerteza significa entrar de forma graciosa no desconhecido em todos os momentos de nossa vida. Às vezes, isso pode parecer um pouco com uma montanha-russa recém-inaugurada. Você sobe no assento, observa o cinto de segurança a prendê-la e espera antecipadamente a velocidade do passeio. É assustador e desconfortável sentir a montanha-russa começar a andar, e você se pergunta por que diabos quis passar por essa adrenalina louca; mas sabe que ela acabará. Quando sai, ri da foto tirada de você durante a viagem e relembra toda a diversão vivida naquele momento.

Quando você abraça a incerteza, abraça também a emoção, a diversão, a aventura e o mistério de todas as possibilidades que podem aparecer, mesmo que isso seja assustador. Quando você sente incerteza, é porque está no caminho certo; portanto, não desista. Embora você tenha metas e tenha traçado um plano de como alcançá-las, não precisa ter uma ideia muito rígida do que fará na semana ou no ano seguinte. Por fim, essa consciência de que *qualquer coisa* pode se desdobrar em outra a prepara no momento presente — isso se chama preparação.

Preparação

Quando nos concentramos apenas no passado ou no futuro, e não no presente, evitamos estar no aqui e agora. Estar presente é a única maneira de termos plena consciência e de nos libertarmos da prisão de antigos comportamentos.

Essa preparação em relação ao momento presente significa uma maior probabilidade de você aproveitar uma oportunidade que possa aparecer. Ao praticar a arte de se preparar para as incertezas em relação a qualquer problema, você estará se armando de sabedoria, do conhecimento de que há uma oportunidade para que algo melhor aconteça.

Pense que tudo tem um lado positivo. Se seu relacionamento estiver em crise, escolha encará-lo como uma oportunidade de consertá-lo ou de encontrar outra pessoa que combine mais com você. Se está se sentindo subutilizada no trabalho, considere a oportunidade que estava esperando para iniciar o negócio de seus sonhos ou para conseguir um emprego novo, com salário mais alto.

Ao adotar esse mindset, você abre uma série de possibilidades, e isso mantém vivo o mistério, a maravilha, a emoção e a aventura, mesmo quando sua vida parece estar uma verdadeira bagunça. Você deve ficar atenta às oportunidades, baseando-se na sabedoria da incerteza. Essa mistura de preparação e oportunidade é um coquetel para o sucesso, pois você tem confiança de que uma solução aparecerá em seu caminho e que ela trará um benefício maior à sua vida.

Algumas pessoas chamam isso de boa sorte; eu chamo isso de "o Universo estar lá para apoiá-la". A boa sorte não passa de preparação e oportunidade agindo juntas.

OS PRINCIPAIS APRENDIZADOS

- A gratidão é algo que todos podemos praticar, não custa nada e toma pouco tempo. A gratidão é a frequência do amor.

- Praticar a gratidão permite que você pratique a apreciação pelo momento presente e pelo que tem agora, em vez de se entregar à síndrome do "E agora?".

- Marine todos os seus dias com gratidão e afirme como se já tivesse acontecido.

- Entregar-se ao Universo e se desapegar do resultado ajuda a manifestar seus desejos mais rapidamente.

- Não tenha medo do desconhecido. Quando você abraça a incerteza, abraça a *aventura* de infinitas possibilidades.

TUAP!

Seja grata pela gratidão

Mantenha um diário de gratidão e, a cada dia, escreva cinco coisas pelas quais você é grata. Faça disso um ritual diário e abra espaço para explorar o momento presente. Tente pensar em coisas não muito óbvias, que permitam levar sua gratidão a um nível mais profundo.

Estabeleça como meta estar sempre à procura de bênçãos, pois isso mudará sua vida e aumentará sua felicidade.

12

O Poder de seus Grupos

Pare de receber críticas construtivas de pessoas que não construíram nada.

Vamos falar de pessoas. Percebi que não importa o quão introvertida ou extrovertida (ou qualquer outro tipo de "vertida") você seja, nós, seres humanos, desejamos nos conectar com outros seres humanos. Mas com quem escolhemos passar nosso precioso tempo é de extrema importância.

Encaixando-se

A hierarquia de necessidades de Maslow é uma teoria motivacional na psicologia, composta por um modelo de cinco grupos de necessidades humanas, geralmente mostrado como níveis dentro de uma pirâmide. As necessidades que estão mais abaixo na pirâmide precisam ser atendidas antes de se lidar com as necessidades que estão em um nível mais alto. No nível mais baixo, estão localizadas as necessidades fisiológicas, de segurança, amor, pertencimento e estima; no topo, a autorrealização. A autorrealização é a realização completa do potencial criativo, intelectual ou social de uma pessoa, ou o que chamo de entendimento da capacidade de ser e fazer mais. Em resumo, é a percepção de que é hora de realizar "algo maior".

Todo mundo tem capacidade e deseja subir na hierarquia em direção ao nível de autorrealização. Infelizmente, às vezes, a jornada é interrompida por necessidades de um nível inferior que não foram satisfeitas. Portanto, em termos mais simples, se você não tiver comida ou abrigo, será muito difícil sair no mundo e realizar "algo maior".

No entanto, quero falar sobre a terceira necessidade, que é a necessidade social de amor e pertencimento. Para evitar problemas como depressão e ansiedade, é importante que as pessoas se sintam amadas e aceitas por outras pessoas. Mas precisamos nos certificar de estarmos atendendo a essa necessidade de uma maneira que também nos ajude a alcançar o sucesso. Você está escolhendo o grupo certo de pessoas para conviver, um que a ajudará a alcançar todo seu potencial?

Sempre me lembrarei de um período na adolescência em que tentava encontrar uma identidade e um grupo em que pudesse me encaixar. Durou quatro anos. Acho que o momento decisivo para mim foi quando decidi que deveria ser gótica, porque era isso que minhas amigas estavam fazendo. Ficávamos vagando pelo Camden Market, em Londres, escolhendo gargantilhas do tipo coleira de cachorro, moletons largos do Nirvana e delineadores preto. A fase "gótica" veio depois da fase "calças pescador rosa com brincos enormes". A verdade é que eu teria usado sacos de lixo como roupa se todos estivessem fazendo isso.

Eu tinha muito medo de me destacar, ser diferente ou não me sentir aceita. Também sei que esse período da adolescência é um momento de exploração, e é normal se sentir assim. Mas, para mim, tratava-se mais de conformidade e desejo de fazer parte do grupo. Isso se intensificou à medida que envelheci, de modo que parei de apenas usar roupas para me encaixar no grupo e passei, também, a usar drogas para me encaixar no grupo. Pesquisas mostram cada vez mais o grande efeito que as pessoas com quem convivemos têm em nossa vida. Se não tomarmos cuidado, a necessidade de pertencimento pode nos levar a becos muito escuros.

Antes de me tornar empresária, trabalhei com vendas. Todos os dias, passava horas viajando entre as visitas aos clientes e, depois de cansar de ouvir as mesmas músicas antigas no rádio, entrei de cabeça no mundo dos audiolivros.

Fiquei extremamente obcecada pelo empresário norte-americano e palestrante motivacional Jim Rohn. Passava horas no conforto de meu carro apenas ouvindo ele falar. Nunca imaginei que passar tanto tempo com uma pessoa morta me daria tanta satisfação. Foi uma das primeiras vezes que realmente comecei a acreditar que eu tinha o poder de mudar minha vida. Uma das coisas que ficou em minha mente é a noção de que somos a soma das cinco pessoas com as quais passamos mais tempo. Somos apenas bolas de energia conectadas umas às outras; por isso, faz total sentido dizer que a energia das pessoas mais próximas de nós (não necessariamente espacialmente) pode ter um impacto profundo e muita influência sobre como nos sentimos e vivemos nossa vida. Por exemplo, se você convive com pessoas que traem os parceiros e acham que está tudo bem, é provável que seja influenciada por elas e passe a fazer o mesmo. Se convive com pessoas que bebem todo fim de semana, é provável que você também comece a fazer isso. Conviver com o grupo errado de pessoas pode ter efeitos sutis e duradouros em sua felicidade e em seu sucesso.

Como é da natureza humana querer se encaixar e ser aceito, todos nós, subconscientemente, nos adaptamos ao que parece ser a opção segura. Fazemos isso para sentir que pertencemos a um grupo, mesmo que as pessoas ao redor estejam se comportando de maneira que não nos ajuda a alcançar o sucesso. Embora todos tenhamos a capacidade de pensar por conta própria, é claro que acabamos nos comportando de acordo com o sistema e as regras das pessoas de nosso grupo, mesmo que de forma inconsciente.

A HISTÓRIA DA ANDORINHA

Certa vez, li uma história sobre uma andorinha que cobria um de seus olhos com a asa. Uma coruja passou voando e perguntou à andorinha o que havia de errado. Então, ela moveu sua asa e revelou uma ferida no lugar de seus olhos. A coruja assentiu e disse: "Ah, entendi, você está chorando porque um corvo deu uma bicada em seu olho!" "Não", a andorinha disse, "estou chorando porque eu deixei ele fazer isso". Esta fábula curta, porém profunda, ilustra a importância de termos consciência do efeito que as pessoas mais próximas de nós têm sobre nosso estado mental, emocional e espiritual.

Sim, precisamos ser amados e pertencer a um grupo, porém é igualmente importante garantir que as pessoas ao seu redor tenham um efeito positivo sobre você e não tirem sua visão, como o corvo fez com a pequena andorinha. Aqueles que nos influenciam diariamente devem nos inspirar a ser uma versão melhor de nós mesmas e nos apoiar ao nos aceitar mesmo quando revelarmos nosso "eu" mais autêntico. Você, na verdade, pode, inconscientemente, se encolher e se arrastar pela vida para não ser rejeitada pelas pessoas mais próximas. A grande questão é: você está deixando os outros roubarem seus sonhos de você?

Escolhendo um novo grupo

Faça essa pergunta a si mesma: As pessoas ao meu redor apoiarão minha jornada? As pessoas ao meu redor passam mais tempo resmungando e fofocando ou motivando e inspirando? As pessoas ao meu redor exaltam o que há de melhor em mim? Toda pessoa emana uma vibração que a energiza ou a suga. Você já esteve na presença de alguém e disse: "Sinto uma vibração negativa vindo dessa pessoa", ou "Ela emana uma energia tão boa"? Essas são exatamente as vibrações de que estou falando.

Nós literalmente emanamos vibrações, e as pessoas podem senti-las, assim como o Universo. Você não pode mudar a maneira como as pessoas querem viver, mas pode limitar o efeito que elas causam em você se não for algo positivo para sua vida. Gostaria que você se fortalecesse, sabendo que pode escolher um novo grupo. Jim Rohn foi a primeira pessoa que escolhi para participar de meu grupo. Sim, pessoas mortas também contam. Eu passava mais horas, todos os dias, ouvindo Jim e permitindo que ele me inspirasse do que ouvindo as lamentações e os suspiros de minhas colegas de trabalho ou os dramas de meus conhecidos. Se você não conseguir encontrar um grupo físico, invista na compra de audiolivros para formar seu novo grupo ou conheça pessoas online para expandir sua rede de contatos.

À medida que você envelhece e amadurece, pode começar a reconhecer que algumas pessoas ao seu redor vão parecer diferentes. À medida que você muda, as pessoas ao seu redor também podem mudar. Às vezes de maneira positiva e, às vezes, não tão positiva assim. À medida que você se torna a melhor versão de si mesma, passará a vibrar energia positiva e sua luz brilhará. Então, além de ser capaz de inspirar as pessoas, também pode revelar as imperfeições de outras. É maravilhoso quando as pessoas ao seu redor a apoiam e a encorajam nesse novo capítulo de sua vida, e isso pode inspirá-las a fazer as próprias mudanças em suas vidas também. Se as pessoas começarem a ignorá-la e a se afastar de você, quem perderá serão elas. E que Deus proíba as pessoas de não gostarem do que você está fazendo ou de tentar impedi-la — nesse caso, respire fundo e foque somente sua jornada. Enfim, você nunca deve "baixar o volume" de sua ambição apenas porque outras pessoas podem não gostar do barulho.

Há, também, o poder de deixar de lado as pessoas que trazem muito drama para sua vida, mesmo que você ainda se importe com elas. Essa pode ser uma escolha bastante difícil. Eu estava em um relacionamento com alguém que realmente amava, mas que trazia à tona o pior de mim. Não era culpa dele, mas sempre me sentia tensa e tentava me adaptar à personalidade que ele esperava que sua namorada tivesse. Minha intuição me dizia que ele não era bom para mim, mas meu Ego dizia que não havia ninguém melhor. Eu oscilava entre estar completamente feliz com ele e experimentar níveis horríveis de ansiedade, ia de total curtição a discussões exaustivas movidas a álcool. Minha Alma estava em constante conflito com meu Ego, e isso estava causando muito tumulto interno.

Se é o medo que a mantém em um relacionamento, então talvez seja o momento de exercitar com força o amor-próprio. Seus parceiros românticos desempenham um papel tão importante em sua vida e são membros tão importante de seu grupo de convivência que você precisa escolhê-los com muita sabedoria. Eles influenciarão sua vida mais diretamente, além de seu sucesso.

Além disso, escolha com sabedoria com quem você compartilha seus sonhos. Você já experimentou contar seus grandes planos a alguém e essa pessoa reagir, inicialmente, como se quisesse fazê-la desistir da ideia, ou alertando-a imediatamente sobre todos os riscos? Se essas pessoas não estão fazendo o próprio trabalho de desenvolvimento pessoal, elas subconscientemente projetam em você todos seus medos, porque, quando você se solta e realiza grandes feitos em sua vida, isso as faz parecer ou se sentir pior.

Ao se aventurar em algo novo, também é extremamente importante escolher com cuidado a quem pede conselho. Não me canso de enfatizar isso. Muitas vezes, procuramos aconselhamento de pessoas que não estão qualificadas para nos ajudar, o que pode acabar nos atrapalhando.

A HISTÓRIA DE CARA

Fazia anos que Cara queria desesperadamente iniciar um negócio, ter mais liberdade e não ter mais que trabalhar das 9 às 17 horas todos os dias. Mas todas as vezes em que ela investia em um coach de negócios, seu marido dizia: "Ah, você pode fazer isso sozinha e economizar dinheiro. Contratar um coach é um desperdício de dinheiro". Como Cara não sabia o que estava fazendo, ela sempre desistia. A ironia é que o marido de Cara não era empreendedor e nunca tinha investido em si mesmo ou contratado um coach. Mas Cara amava o marido, e a opinião dele importava. O marido de Cara não fazia de propósito, só estava tentando proteger sua esposa de cometer um erro. A intenção era boa, mas sufocava os sonhos dela.

Na verdade, as pessoas que mais nos amam geralmente são as mais "prejudiciais" para nossos sonhos. Seus conselhos, muitas vezes equivocados, vêm de uma necessidade de proteção, alimentada por nosso velho amigo, o medo.

Cara adiou seus planos por muitos anos, até que finalmente decidiu agir. E adivinha? Ela é, agora, a orgulhosa proprietária de um negócio de seis dígitos muito bem-sucedido. O custo dos conselhos ruins pode fazer com que sua Alma vá à falência. Se Cara nunca tivesse dado esse passo, ainda estaria vivendo uma vida sem nenhuma realização e liberdade.

A lição que tiramos é esta: qualquer que seja seu objetivo, encontre pessoas que já realizaram "algo maior". Encontre exemplos de pessoas que conseguiram o que você deseja e use-as como base e inspiração. Forme um grupo de pessoas inspiradoras.

O PODER DE SEUS GRUPOS

Atalho para o sucesso

Eu não queria uma vida fácil, não queria uma vida confortável, queria uma vida incrível! Então, estava disposta a descobrir como as pessoas que me inspiram criaram suas vidas. Li sobre milionários, fiz cursos com especialistas e investi em mim, para melhorar meu mindset. Observei os hábitos das pessoas de sucesso e comecei a copiar o que elas fizeram. É uma forma de garantir que sua nova identidade seja propícia ao sucesso.

Quando iniciei meu negócio de produtos para o corpo, não procurei obter informações apenas no Google, procurei as pessoas que estavam investindo milhões por mês em seus negócios online e aprendi com elas. Quando iniciei meu negócio de coaching, queria aprender com coaches que estavam atingindo as metas de renda que eu desejava e causando um real impacto no mundo, da forma como eu queria. Paguei para ter aulas com eles porque acredito que a orientação seja o atalho para o sucesso.

Se você quer perder peso e melhorar sua saúde, procure um personal trainer. Se quer ser uma excelente oradora, invista em aulas de oratória. Se deseja abrir um novo negócio, invista em um coach de negócios que soube construir um negócio igual ao que você almeja. Garanto que há alguém fazendo o que você quer fazer, e tudo o que você precisa fazer é encontrar essa pessoa. Quando você encontra alguém que já construiu o que você deseja, obtém a certeza de que isso é possível. Você só precisa executar as mesmas ações. Pare de aceitar críticas construtivas de pessoas que não construíram nada. Não siga conselhos ou ouça pessoas que não estão fazendo a mesma coisa que você quer fazer. Vá direto à fonte.

Todos somos seres humanos. Às vezes, colocamos as pessoas que admiramos em um pedestal e pensamos que elas são sobre-humanas. Se você conhece alguém que a inspira, entre em contato com essa pessoa e lhe faça as perguntas que quer fazer. Diga: "Olha, você realmente me inspira. Adoraria trabalhar com você. Existe qualquer chance de você me orientar ou trabalhar comigo?"

TOME UMA ATITUDE, PORRA!

Não tenha medo de investir em algo que você realmente quer. Esse é o segredo de todas as pessoas de sucesso que conheci.

Inspire, não instrua

Se você for inteligente o suficiente para aplicar o que estou ensinando neste livro em sua vida, começará a ver mudanças, e é inevitável querer que as pessoas ao seu redor comecem a fazer o mesmo. Você pode começar a dizer às pessoas — seu parceiro, pais ou amigas — o que fazer. Lute contra esse desejo, porque inspirar as pessoas é cem vezes mais poderoso do que *instruí-las*.

Tenho clientes que sempre me falam que seus parceiros não entendem o que é desenvolvimento pessoal, e elas se sentem frustradas porque seus parceiros não querem meditar, fazer afirmações ou escrever metas com elas. A verdade dura é que as pessoas mudam apenas se *querem* mudar. Elas somente mudarão quando estiverem prontas. Não seja evangélica com elas, ou você se transformará em um mosquito da pregação, e mosquitos são muito chatos. Mantenha-se no seu quadrado.

A HISTÓRIA DE JOANNA

Joanna embarcou nessa jornada de tomar uma atitude na vida. Ela abriu o próprio negócio e começou a ganhar mais dinheiro, a tirar férias agradáveis, a melhorar seus relacionamentos, e as pessoas começaram a notá-la. No entanto, algumas pessoas se afastaram dela, e a maioria dessas pessoas eram amigas que ainda estavam em seus antigos empregos, descontentes e insatisfeitas.

Em vez de inspirá-las, o sucesso dela mostrou a essas amigas que elas não queriam mudar a própria vida e, assim, se afastaram de Joanna.

Não podemos fazer nada a respeito dessas situações. Precisamos aceitar e perdoar essas pessoas e esperar que elas voltem para nossa vida em tempos melhores, quando tiverem a própria vida nova. Mas saiba que, para cada pessoa que não suporta vê-la brilhar, você atrairá alguém que comemorará com você, a abraçará e a incentivará ao longo de sua jornada. Você descobrirá que começará a atrair pessoas novas e incríveis para sua vida sem esforço. Às vezes, infelizmente, isso envolve dizer adeus a outras.

Feliz, não certa

Conforme já falamos no início deste livro, suas palavras têm o poder de afetar sua energia; por isso, sua missão é ter consciência de como você fala dos outros também. Quando você fala mal dos outros, acaba emanando uma vibração ruim. Quando você fica na defensiva, tenta encontrar culpados ou se recusa a aceitar uma situação, cria resistência em sua vida.

Sempre que é confrontada em uma situação ou por uma pessoa difícil, lembre-se: "Este momento é como deveria ser". Tornar-se a melhor versão de seu "eu" espiritual significa desistir da necessidade de convencer ou persuadir as pessoas de seu ponto de vista. O Ego quer estar sempre certo. Se você começar a olhar em volta, perceberá que as pessoas ao seu redor passam muito tempo defendendo o ponto de vista delas, e isso é um desperdício de energia. Prefiro ser feliz do que estar certa, e quando não entramos na onda da necessidade do Ego de estar certo, podemos usar essa quantidade enorme de energia poupada para melhorar nossa vida.

Lembra que falamos, no Capítulo 7, sobre você ser uma geradora de energia? Pense em todos os momentos que passou se preocupando com os dramas de outra pessoa ou discutindo com alguém, obcecada com dinheiro, com uma promoção ou uma mensagem de algum ex-namorado, ou, ainda, com uma experiência horrível que aconteceu um ano atrás. Bem, saiba que todas as vezes em que você fica negativamente obcecada por alguém no trabalho, observando como essa pessoa nunca faz nada certo, ou, ainda, por um ex-parceiro, pensando em como ele partiu seu coração, você está jogando fora um de seus cabos de energia e permitindo que ele consuma toda sua energia.

Você está jogando fora seu poder, porque, nesse momento, está diminuindo sua vibração e jogando fora o poder de mudar sua vida. Lembre-se de que você tem total controle sobre quem e para o que empurra seus cabos de energia. Algumas pessoas vão sugá-la e consumi-la, enquanto outras a encherão ou gerarão ainda mais energia.

Escolha passar tempo com pessoas que a *preenchem*, com quem você realmente pode ser você mesma. Elas são seu grupo. Escolha pessoas que a façam rir. O riso gera energia. Lembre-se de nutrir seus relacionamentos, pois, se eles não forem nutridos, morrerão, assim como as plantas. Reserve um tempo para escolher um grupo que a deixe animada e, depois, comprometa-se a mostrar a essas pessoas a gratidão que você sente por elas.

OS PRINCIPAIS APRENDIZADOS

- Sua necessidade de se encaixar pode anular sua grandeza, pois pode fazer com que você fique perto de pessoas que atrapalham seu crescimento.

- Cerque-se de pessoas que a inspiram. Elas não precisam estar vivas ou presentes fisicamente.

- À medida que você progride na vida, pode querer se afastar de algumas pessoas ao seu redor, e tudo bem fazer isso.

- Não instrua as pessoas ao seu redor a mudar; inspire-as ao mudar e irradiar sua luz brilhante.

- Economize sua energia para coisas importantes: ser feliz é mais importante do que ir na onda do Ego de estar sempre certa.

TUAP!

Corte esses cordões

Se você se sentir sugada mental ou emocionalmente por alguém em sua vida, é hora de liberar o domínio mental e cortar o cordão de energia. Às vezes, é fácil nos livrar *fisicamente* de uma pessoa em nossa vida, mas ainda passamos tanto tempo pensando nelas que isso nos esgota. Às vezes, você não pode se livrar fisicamente de uma pessoa porque ela é um membro próximo da família, mas ainda deseja se livrar do efeito desenergizante que ela tem sobre você. É disto que trata a tarefa deste capítulo: recuperar seu poder sobre os próprios cabos de energia.

A primeira coisa que você precisa fazer nessa tarefa é pensar nas pessoas em sua vida que a sugam. É preciso trabalhar com uma pessoa por vez. A primeira forma de recalibrar sua energia é perdoar as pessoas por qualquer coisa que elas tenham feito. Quando escolhemos perdoar em vez de guardar ressentimento, liberamos de nosso corpo a energia que está estagnada e impedindo o fluxo da magia de circular.

Pegue um diário e escreva uma carta de perdão para essas pessoas. Deixe de lado toda a raiva, a mágoa, o ressentimento e aprecie elas terem entrado em sua vida para ensinar *você* a se tornar uma pessoa melhor. Essa é sua lição.

Depois de perdoá-las, acesse www.altabooks.com.br e ouça a meditação do cordão de corte para ajudá-la a se separar deles energeticamente.

13

Não Apenas Faça, Arrase

Como um lançamento de foguete ou uma salsicha rolando, você precisa fazer depressa, antes que o medo a convença do contrário.

Uma noite, regada a muitos proseccos, tive uma epifania. Todos, pensei, desejam mudar sua vida de alguma maneira, mas a maioria das pessoas passa a maior parte do tempo esperando que essa mudança ocorra com um passe de mágica. Uma das desculpas que mais ouço é "Estou esperando o momento certo", o que, traduzido, significa "Estou com medo".

Isso me fez pensar que, quando fico bêbada, não sinto medo — na verdade, a maioria das pessoas costuma fazer o que diabos quer fazer quando está embriagada. Fico mais desinibida e, na maioria das vezes, lamentavelmente, faço besteira. Na manhã seguinte, sofro mais do que apenas uma ressaca — sinto medo. O tipo de medo "Ah, que merda eu fiz?" Acho que o momento mais embaraçoso para mim foi quando, na recepção de meu casamento, decidi me jogar no chão, em meu vestido de noiva, e rolar de lado como uma salsicha sendo embrulhada. Posso dizer que isso não terminou bem.

Por mais ridícula que eu possa ter sido, aprendi uma lição. Todos nós precisamos tomar atitudes em nossa vida como se estivéssemos um pouco bêbados e perder a vergonha de seguir em frente como salsichas sendo enroladas em direção a nossos sonhos. Muitas pessoas falam sobre o que querem fazer da vida, mas param diante do trabalho desconfortável, porém necessário, para que isso aconteça.

Mas como fazemos para arrasar no cumprimento de nossas metas de forma implacável como um ninja? Primeiramente, precisamos parar de nos importar em ser perfeitos e em executar tudo tão bem. Eu não estava pensando em como fazer um rolo de salsicha perfeito sem estragar meu vestido caro. Em vez disso, simplesmente me joguei no chão, fiquei de lado e comecei a rolar. Não tinha um plano B. Estava decidida a considerar minha ginástica feita no dia do meu casamento.

Ser capaz de agir sem pensar demais é um dos ingredientes para ter sucesso em todas as áreas de sua vida. Como um lançamento de foguete ou uma salsicha rolando, você precisa fazer depressa, antes que o medo a convença do contrário. Um foguete não começa a decolar para, em seguida, parar e perguntar se deve *continuar* decolando. Ele apenas decola... quaisquer que sejam as consequências disso. Quando surge uma ideia ou quando você tem um desejo, precisa agir rapidamente. Se não o fizer, um zilhão de motivos pelos quais você não deveria fazê-lo começarão a pipocar em seu cérebro.

Por quê? Porque, como você já deveria saber, seu cérebro foi projetado para mantê-la segura e confortável.

Assim que decola, você passa a ter a incrível sensação de impulso. E esse impulso é generativo — ele cria *mais* impulso. A Primeira Lei do Movimento de Newton afirma que os objetos em repouso tendem a permanecer em repouso, enquanto os objetos em movimento tendem a permanecer em movimento. Portanto, o segredo é colocar-se em movimento, independentemente de quão difícil possa ser dar o primeiro passo. Ganhe tração e tenha o poder do impulso trabalhando a seu favor desde o início. Depois, tudo o que você precisa fazer é seguir o fluxo.

Tome uma atitude... rápido!

Ganhar impulso e perceber que é a capitã de seu navio, que está no comando do leme, pode ser um pouco assustador. Você se deparará com situações desafiadoras. Isso é inevitável, pois são os desafios que a ajudam a crescer.

Nosso cérebro foi programado para agir como o Google quando fica diante de uma nova situação. É como se ele digitasse e fizesse uma busca por informações relevantes a respeito da nova atividade. Se for uma situação totalmente nova, como abrir um novo negócio ou iniciar um relacionamento, o cérebro ainda não tem dados suficientes sobre ela. Então, ele enxerga apenas riscos, pois não tem dados relevantes para dar uma direção clara. Seu cérebro se comunicará com seu sistema nervoso, que começará a lhe dizer para ficar distante dessa situação, fazendo-a sentir medo. Ou extrairá dados de experiências passadas e sem relevância para a atual circunstância, e isso, subconscientemente, a induzirá a ter sentimentos negativos.

É como uma daquelas mensagens extremamente irritantes do tipo "Encontramos um vírus" que assombram as telas de nossos computadores. Sua vida extraordinária depende de você agir antes que essa mensagem de perigo apareça em sua tela mental. Na verdade, o desconhecido está presente em qualquer situação nova, mas, como discutimos anteriormente, entrar no desconhecido e ter confiança de que o Universo estará lá para apoiá-la é o que a deixa mais próxima de seus desejos.

Além disso, se você demorar demais para agir, seus sentimentos acabam se enroscando na decisão. Uma pesquisa do neurocientista português António Damásio mostrou que 95% de nossas decisões são tomadas com base em sentimentos, e não em fatos. Ele diz que, como seres humanos, temos a tendência de primeiro sentir e, depois, agir, e não o contrário. Isso explica por que muitos de nós geralmente não agem, pois simplesmente "não nos desperta interesse". Para evitar que isso aconteça com você, aja rapidamente!

A HISTÓRIA DE BEN

Vamos falar sobre o Ben. Ben sempre reclamava que nunca conseguia tomar determinadas decisões que fariam seus negócios crescer. (Para sua informação, tomar decisões — mesmo que elas não estejam certas — é uma das principais características de todas as pessoas de sucesso.) Ben tinha o hábito de dizer que precisava apenas ajustar alguns detalhes e que ainda não era o momento certo. Quando o questionei sobre o que exatamente ele precisava ajustar, ele admitiu que, na verdade, estava com tudo pronto, porém estava com medo de "tomar a decisão errada". Imediatamente antes de estar prestes a tomar uma decisão que, para ele, parecia difícil, assustadora ou incerta, ele hesitou. Ben era um procrastinador classe A.

A maldição dos dois Ps

Procrastinação e perfeccionismo são como o beijo da morte. Não têm nada a ver com habilidade. A procrastinação é uma forma de aliviar o estresse. Se você costuma procrastinar, precisa entender que estresse está evitando. Para a maioria das pessoas, é o medo do resultado. Expliquei a Ben que, sempre que ele hesitava, fazia com que o aviso do vírus aparecesse em sua tela mental, projetada para detê-lo. Então, o botão soneca de seus planos era ativado outra vez. Sua falta de atitude era uma espécie de autoproteção — era como usar uma armadura pesada que, apesar de mantê-lo seguro, também o mantinha preso de forma alarmante. Procrastinar nos impede de fracassar; porém, sejamos sinceros, fracassar é tão assustador quanto tomar uma atitude.

A HISTÓRIA DE KATIE

Katie odiava cometer erros. Quando as coisas não corriam bem, ficava transtornada, e ela sentia que não era boa o suficiente. Ela chamava a si mesma de perfeccionista e falava isso com orgulho, como se fosse uma coisa boa. Não há nada errado em querer manter um excelente padrão em tudo o que faz, mas, se algo saía do controle de Katie, isso se transformava em ansiedade. Ela tinha tanto medo da incerteza que procurava garantias mesmo antes de tentar algo novo. Ela queria uma comprovação de que, antes de pegar o dardo e apontar para o tabuleiro, acertaria o alvo — *perfeitamente*. Detestava a sensação de desconforto que o fracasso lhe causava, em virtude de experiências passadas, e o evitava a todo custo.

O perfeccionismo é apenas o medo calçando um belo par de sapatos Jimmy Choo — pode parecer um bonito distintivo de honra, mas, a escolha de ser perfeccionista pode impedi-la de seguir em frente porque, embora pareça bonito, machuca. Ao não tomarmos a decisão de agir, nós nos autossabotamos e embrulhamos a decisão em um papel bonito com estas desculpas impressas por toda parte: "Preciso que fique perfeito." Uma ação imperfeita é muito mais poderosa do que nenhuma ação.

As desculpas que você está dando não serão menos verdadeiras amanhã, na semana seguinte ou daqui a seis meses. Se você começar antes de estar pronta e abandonar a necessidade de se preparar antes de agir, prometo que estará a apenas uma decisão de mudar sua vida. Apenas precisa tomar uma atitude, porra!

Não está acontecendo nada emocionante em sua zona de conforto

Você precisa abraçar o fracasso e não ter medo de levar um soco dele na cara todos os dias. Precisa fortalecer os músculos fracassados para que, todas as vezes em que as coisas não funcionarem exatamente como planejou, você possa revidar. Quando você sente medo do fracasso, torna--se mais fraca. Um soco do fracasso a derrubará se você não se entender com ele. Mas, se tiver força para se levantar e voltar ao ringue, ficará ainda mais forte, e a dor do fracasso se dissipará.

Então, eu lhe imploro que vá em frente e fracasse um pouco todos os dias, pois isso será uma prova de quanto você está lutando para alcançar seus sonhos. Não tema o fracasso, tema ficar estagnada por cinco anos. Após entrar no ringue e enfrentar o fracasso diversas vezes, você o abraçará como um amigo que não vê há muito tempo, e a luta será interrompida porque, uma vez que você se torna melhor amiga do fracasso, para de lutar contra ele o tempo todo. Como em todo esporte, você precisa começar a treinar e praticar até vencer. Afinal, nada por que realmente vale a pena lutar se encontra em sua zona de conforto.

Uma vez me pediram para que fizesse um piloto para um programa de TV. Quando li a proposta, tenho que admitir que senti um gosto amargo na boca. Estavam me pedindo para sair e bater à porta de estranhos às 8 da manhã de um sábado, para perguntar se eles gostariam de iniciar um negócio e ser filmados enquanto faziam isso. Em primeiro lugar, nunca estive em um programa de TV; em segundo, não há nada como um questionamento inesperado em frente às câmeras para fazer você querer vomitar; e, em terceiro, perceber que talvez um grande sonho possa estar prestes e se concretizar é desesperador. A pressão definitivamente estava nas alturas.

TOMA UMA ATITUDE, PORRA!

E o que eu fiz? Bem, primeiro me perguntei: "Por que estou com medo? Qual é a história mentirosa que está me impedindo de ir em frente e bater à porta das pessoas?" Confronte o medo e racionalize-o. Eu precisava silenciar o barulho em minha mente, que estava identificando riscos e me induzindo ao medo. Definitivamente, também havia a dúvida "Sou boa o suficiente?", além do medo de as pessoas me xingarem e baterem a porta na minha cara. Mas, quando avaliei as recompensas, comparando-as aos riscos, sabia que era o momento de enxergar tudo através dos olhos da mulher corajosa que sou. Eu precisava ter coragem. Precisava sentir medo e, mesmo assim, agir.

Quando eu era jovem, bebia para ter coragem, e os óculos de proteção da cerveja me davam coragem para fazer o que eu queria. Então, disse adeus aos óculos de proteção da cerveja nos meus 30 anos e investi em óculos de proteção do medo. Uma vez assisti a um filme em que um pai dá a seu filho um par de óculos de sol em seu primeiro dia na nova escola; ele lhe disse que eles o tornariam invisível, para que se sentisse seguro para ir à escola — é isso que quero dizer com meus "óculos de proteção do medo". Também passava as manhãs envolvida em uma atividade de *tapping* (consulte o Capítulo 5), a fim de reduzir minha ansiedade, e, às 8 horas da manhã, estava pronta para conquistar o mundo.

Lá fui eu para a primeira porta. Respirei fundo para tentar neutralizar as batidas de meu coração e... 3, 2, 1... TOC, TOC, TOC, TOC. Ninguém estava em casa. Graças a Deus, pensei. Mas eu tinha agido: meu punho tinha batido à porta. Posso afirmar que, a cada pequeno ato de coragem, ganhamos mais coragem e, no final do dia, eu tinha batido orgulhosa nas portas, com entusiasmo e empolgação, e conversado com completos estranhos. Fico feliz em informar que, apesar de ter sido recebida por um grande número de homens de 60 anos sem camisa, não recebi nenhum xingamento. #vencedora!

A coragem é poderosa. Ela se alimenta, se expande e vaza para outras áreas de sua vida, deixando-a cada vez mais perto de seu sonho extraordinário. Cite uma coisa que você tem medo de fazer, mas que sabe que a deixará mais próxima de seus objetivos. Sua vida extraordinária depende de você desligar permanentemente o botão de soneca, tirar seu Jimmy Choo e abraçar tudo o que a vida tem a oferecer, por mais assustador que pareça. Lembre-se, você pode colocar os óculos de proteção do medo sempre que quiser e, se vier me dizer que não tem um par, posso lhe emprestar o meu.

A natureza é simples como uma manhã de domingo

Se você pensar em como a natureza funciona, verá que tudo é simples e fluido. As árvores não tentam crescer, elas apenas crescem. Os pássaros não tentam voar, eles voam. Os peixes não tentam nadar, eles apenas nadam. É da natureza deles. E estou aqui para enfiar dentro de sua cabeça que é da natureza humana manifestar nossos sonhos para eles tomarem forma física, com simplicidade e sem esforço. Gosto de chamar isso de realizar milagres.

Quando começar a tomar atitudes em sua vida, a brilhar e a alcançar seus objetivos, lembre-se de se divertir e tenha em mente que obter o que deseja não precisa ser difícil. Na verdade, deveria ser totalmente o oposto: fluido como a natureza. O sucesso vem facilmente quando seguimos o caminho de menor resistência. Isso não significa permanecer confortável ou evitar sair da zona de conforto. Significa ouvir sua Alma e tomar uma atitude alinhada com seus sonhos.

Ao se certificar de que tudo o que você faz envolve, também, diversão e que todas as suas ações são motivadas pelo amor, mais fácil se torna a busca por uma vida incrível, que parece bastante simples. Você descobrirá que pode fazer menos para conseguir mais. Isso não significa ser preguiçosa, mas fazer coisas que a deixem alegre e energizada para obter os resultados desejados. Como disse anteriormente, o Universo é um romântico incorrigível, e a natureza se mantém unida pela energia do amor.

Lembre-se, o amor não é o padrão do Ego. A atenção dada ao Ego consome uma maior quantidade de energia e a suga, o que a impede de

TOMA UMA ATITUDE, PORRA!

sentir o nível de felicidade desejado. Quando seu ponto de referência interno é o Ego, ou seja, quando você exerce poder e controle sobre as pessoas ou busca a aprovação de outras, gasta energia desnecessariamente. Mas, se você se mantiver no quadrado da alegria e permanecer motivada pelo amor, criará energia para ser canalizada e para criar o que quiser em sua vida.

Comprometa-se a seguir o caminho com menor resistência, participando de atividades e pensamentos que lhe tragam alegria. Se seu objetivo é perder peso e você odeia correr, esse é o caminho com mais resistência. Então, procure algo que lhe permita sintonizar o canal da alegria, talvez participar de uma aula de dança ou de jump, ou, ainda, nadar, pois isso a ajudará a alcançar seus objetivos dez vezes mais rápido.

Se você estiver montando um negócio, encontre seus talentos únicos e as coisas que consegue fazer com facilidade e naturalidade. Mantenha-se em seu quadrado. O caminho da felicidade é onde seus sonhos se manifestam espontaneamente, sem resistência ou esforço. Abandone sua mania de comparação, torne-se imune às críticas, aceite desafios e aproveite o poder do amor, para que você possa usar essa energia para criar o que quiser! E, mais importante, esteja consciente de que seus pensamentos estão ajudando ou dificultando suas realizações e faça o ajuste necessário para o momento.

OS PRINCIPAIS APRENDIZADOS

- O impulso será seu melhor amigo, então continue andando, mesmo se estiver dando apenas pequenos passos.

- Os desafios geram crescimento: não os tema, porque o crescimento real ocorre fora de sua zona de conforto.

- Uma ação imperfeita é muito melhor do que nenhuma ação.

- Abrace a ideia de fracassar em vez de temê-la e aproveite a jornada, mesmo que ela seja assustadora.

- Comprometa-se a seguir o caminho com menor resistência, se envolvendo em pensamentos e em coisas que a fazem feliz.

TUAP!

Alimente sua coragem

Nesta tarefa final TUAP!, quero encorajá-la a realizar algo que a faça se sentir totalmente desconfortável.

Eu costumava jogar um jogo chamado "Formigas Mortas". Gostaria de poder dizer que era um jogo de infância, mas, na verdade, eu tinha 20 e poucos anos quando me mostraram esse jogo. Nós saíamos por aí e, se alguém gritasse "Formigas Mortas!", todos tinham que se jogar no chão de costas e balançar os braços e as pernas no ar. Isso chama atenção, com certeza, e você se contorce de vergonha na primeira vez em que participa. Mas, uma vez no chão, você começa a rir de forma prazerosa de tão ridículo que isso é e pensa "Não morri fazendo isso"; depois, segue com sua vida.

Particularmente, não é socialmente aceitável deitar no meio da rua e agir como um inseto morto, mas, todas as vezes em que participei de uma atividade que ultrapassava os limites "normais" da etiqueta social, minha coragem e confiança aumentaram.

Portanto, nesta tarefa, é hora de aquecer o músculo fracassado e ter coragem de fazer algo que a assusta. O que você tem adiado? O que você pode fazer hoje que a deixará a um passo de seu sonho? O que você pode fazer que é bobo, ridículo e constrangedor? Ultrapasse seus limites. Saia por aí e se jogue no chão como uma formiga morta, se for necessário. Depois peça a alguém para tirar uma foto e use a *hashtag* TUAP!

Que diabos — eu também vou fazer isso! Sim, estou logo atrás de você.

Mas, pelo amor de Deus, tome uma atitude, porra — sua vida extraordinária depende disso.

Epílogo: Namastê, vadias

Como chegamos ao final de nossa jornada juntas, quero que você pense em uma pergunta para fazer... POR QUÊ? Por que você deve continuar e executar as tarefas? Por que deve adentrar sua grandeza e buscar seus objetivos com entusiasmo? Bem, estou aqui para perguntar: e por que *não*?

O que você tem a perder? Por que não ser você com o dinheiro que deseja, o corpo com que sonha, o relacionamento que a faz feliz? Por que não agora? O que está esperando? Tome uma atitude AGORA.

Não espere até amanhã para iniciar as mudanças em sua vida. Não espere até amanhã para deixar de comer açúcar. Não espere até amanhã para finalmente abrir um negócio. Não espere até amanhã para fazer aulas de samba. Qualquer que seja seu desejo do fundo do coração, ele já é seu, se você sintonizar na frequência do Universo e se mover graciosamente em direção àquilo que deseja, seguindo um plano em que possa se concentrar.

E lembre-se de que ninguém se tornou um sucesso da noite para o dia. Na psicologia, existe um conceito chamado de privação relativa. É por causa dele que você tem a percepção de que está pior do que outras pessoas com as quais se compara. Esse sentimento pode levar à mania de comparação, que mencionei no Capítulo 4. A maioria de nós compara o que temos hoje com aquilo que uma pessoa levou 20 anos para alcançar. Não conhecemos o trabalho árduo ou sacrifícios que ela fez. Não tenha medo de se colocar em movimento porque, por mais clichê que possa parecer, o sucesso não é o final da jornada. O sucesso é a pessoa que você se torna como resultado da jornada que percorreu. A mágica acontece quando você para de arrumar desculpas para se tornar a melhor versão de si mesma. Como expliquei anteriormente neste livro, quando você olhar para outra pessoa e sentir inveja, use isso de forma positiva. Use essa inveja como um lembrete gentil do Universo que você deseja algo e que isso também serve para você. Mas não se deixe enganar, acreditando que conseguirá tudo num piscar de olhos, porque a maioria das pessoas de sucesso com que falei se empenharam para que isso acontecesse. (Empenhar-se é o que você deve fazer para seguir o que seu coração deseja.) Esteja disposta a trabalhar para transformar seus sonhos em realidade e aceite que esse será um trabalho árduo. Mas vale muito a pena!

Deixe o poder de sua mente e o poder do Universo criarem sua vida ideal. Confie que você tem tudo de que precisa em sua imaginação incrível para forjar uma vida além de suas expectativas mais loucas. Assuma o compromisso de superar suas crenças limitantes, dar um golpe ninja em seus medos e se colocar no banco do motorista. Pare de se importar com as pequenas coisas da vida que simplesmente não importam. Guarde suas energias para a mágica. O sucesso é seu direito absoluto desde o nascimento. Lembre-se de enxergar a vida através das lentes do amor, e isso realmente a deixará empoderada pela Alma e totalmente sintonizada na Universo FM. E se alguém lhe disser que você não pode fazer o que quer, faça duas vezes e tire uma *selfie*.

Nosso tempo juntas e sua jornada de grandiosidade espiritual e transformação psicológica não param por aqui. Não se esqueça de baixar o livro de tarefas de definição de metas em: www.altabooks.com.br e realize as tarefas de cada capítulo.

A vida é o ingresso para o maior show do mundo — você está pronta para se juntar a mim na primeira fileira?

Noor

Leitura Adicional

BRAND, Russell. *Recovery: Freedom from Our Addictions*. Londres: Bluebird, 2018.

DYER, Wayne W. *The Power of Intention*: *Change the Way You Look at Things and the Things You Look at Will Change: Learning to Cocreate Your World Your Way*. Carlsbad, CA: Hay House, 2004.

GILBERT, Elizabeth. *Grande Magia: Vida Criativa Sem Medo*. Rio de Janeiro, RJ: Objetiva, 2015.

GROUT, Pam. *Energia ao Quadrado*. Rio de Janeiro, RJ: Agir, 2013.

HILL, Napoleon. *Quem Pensa Enriquece*. Edição atualizada. Citadel, 2018.

RAVIKANT, Kamal. *Ame a Si Mesmo: Sua Vida Depende Disso*. Rio de Janeiro, RJ. Harper Collins, 2020.

RINPOCHE, Sogyal. *O Livro Tibetano do Viver e do Morrer*. Palas Athena, 2013.

ROHN, Jim. *The Art of Exceptional Living*. Audiolivro. Londres: Nightingale Conant, 1994.

ROHN, Jim. *7 Strategies for Wealth and Happiness*. Prima Life, 1996.

Tome uma Atitude e Escreva, Porra!

Projetos corporativos e edições personalizadas
dentro da sua estratégia de negócio. Já pensou nisso?

Coordenação de Eventos
Viviane Paiva
viviane@altabooks.com.br

Assistente Comercial
Fillipe Amorim
vendas.corporativas@altabooks.com.br

A Alta Books tem criado experiências incríveis no meio corporativo. Com a crescente implementação da educação corporativa nas empresas, o livro entra como uma importante fonte de conhecimento. Com atendimento personalizado, conseguimos identificar as principais necessidades, e criar uma seleção de livros que podem ser utilizados de diversas maneiras, como por exemplo, para fortalecer relacionamento com suas equipes/ seus clientes. Você já utilizou o livro para alguma ação estratégica na sua empresa?

Entre em contato com nosso time para entender melhor as possibilidades de personalização e incentivo ao desenvolvimento pessoal e profissional.

PUBLIQUE SEU LIVRO

Publique seu livro com a Alta Books.
Para mais informações envie um e-mail para: autoria@altabooks.com.br

 /altabooks /alta-books /altabooks /altabooks

CONHEÇA OUTROS LIVROS DA **ALTA LIFE**
Todas as imagens são meramente ilustrativas.

Este livro foi impresso nas oficinas gráficas da Editora Vozes Ltda.,
Rua Frei Luís, 100 – Petrópolis, RJ.